Klaus Josef Pfannenschmidt

Lebensfibel

Hat das Behandlungszimmer eine Hintertür?

LöWa-Verlag Kalbach

ISBN 3-89811-084-2
(1999) Verlag LöWa, 36148 Kalbach
Herstellung: Libri Books on Demand

Inhalt

1.
Autorenbeschreibung

Klaus Pfannenschmidt, Jahrgang 1937, in Darmstadt geboren, war selbständiger Unternehmer und hat sich 1997 zur Ruhe gesetzt, um sich ganz seiner Berufung, dem esoterisch-spirituellen Weg zu widmen. Der Autor beschäftigte sich seit vielen Jahren mit Philosophie, Psychologie und Religionswissenschaften. Seit 20 Jahren hat er sein esoterisch-spirituelles Wissen in diesbezüglichen Seminaren bei bedeutenden Lehrern im In- und Ausland erweitert.

2.
Kurze Inhaltsangabe

Viele Menschen sind ausweglos gefangen im manipulierten Zeitgeist. Sie wissen nicht mehr, was für sie gut ist oder trauen sich nicht mehr, ihnen gemäße Entscheidungen zu treffen. Die täglichen Hirnwäschen haben die meisten Menschen zu unselbständigen Wesen werden lassen, die ihren Halt und Bestätigung nur noch von außen beziehen. Beispielsweise von Gemeinschaften wie Partei, Kirche, Verein, Freundeskreis. Der Mensch von heute muß seinen Halt wieder in sich suchen. Seine verlorengegangenen Rechte sind von ihm wiederzufinden oder zurückzufordern, um wieder Selbständigkeit zu erlangen, um wieder für sich selbst zu entscheiden. Er sollte sich auf Tugenden wie Liebe, Mut, Ehrlichkeit, Verläßlichkeit besinnen, sie pflegen, neu beleben, um Selbstvertrauen und Stärke zu bekommen. Seine Rechte sollte er wieder selbst vertreten und Entscheidungen für sein Wohl treffen, mit dem Mut, auch mal gegen den Strom des Zeitgeistes zu schwimmen. Im neuen Jahrtausend sollte jeder wieder wissen, wer er ist, wer er einmal war und wer er wieder werden kann. In der heutigen Zeit werden die Menschen mit vielen Meinungen und vorgefertigten Lösungen überhäuft. Jeder hat für sie die beste Lösung, sie müssen sich nur noch einklinken, "ja" dazu sagen. Oft bleiben ihre eigenen Beurteilungen auf der Strecke. Das Buch könnte eine Denk- und Orientierungshilfe sein, weil es zu einigen Lebensfragen Stellung nimmt. Es gibt meine ganz persönliche Ansicht der Dinge wieder, ohne Anspruch auf richtige Sicht. Meine Gedanken sind von meinem Wissen, meinen Ansichten und meiner Lebenserfahrung getragen worden.

3.
Warum dieses Buch?

Der Mensch ist im Laufe der Zeit so manipuliert und versklavt worden, daß er selbst nicht mehr weiß, wer er ist, wer er einmal war und wer er wieder werden kann. Zur Manipulation und Hörigmachung haben so viele Faktoren beigetragen, und es wurde so geschickt gemacht, daß es nicht oder kaum aufgefallen ist. Unter dem Deckmantel der Humanität und Güte sowie durch ihre gute Verpackung waren wahre Absichten nicht zu erkennen. Man hat die Menschen glauben und fühlen lassen, daß sie auf sich gestellt, schwach sind, wenig wertvoll und nicht in der Lage, den Durchblick für das allgemeine und große Weltgeschehen zu haben. Erst die Gemeinschaft, die Zugehörigkeit zu einer bestimmten Gruppe läßt sie wenigstens in diesem engen Rahmen eine vollwertige Persönlichkeit sein. Gäbe man seine Stimme ab, so würde man alles für den Menschen regeln, er müsse sich keine Sorgen mehr machen, alles würde zu seinem Wohle ablaufen. Diesen Versprechen wurde leichtfertig geglaubt und Staat, Kirche, Politiker, Weltorganisationen und viele mehr haben von ihrem Einfluß reichlich Gebrauch gemacht. So haben sie durch ihre Organe wie Presse, Rundfunk, Fernsehen, Kanzel, Parlamente usw. die Menschen für ihre Ziele manipuliert. Es kommt hinzu, daß die Stellen bzw. Organisationen, die die Hörigkeit und Manipulationen vorgenommen haben, so angesehen waren, daß es keinen Zweifel an ihren lauteren Absichten gab. Die Spielchen gehen bis heute ununterbrochen, wenn nicht sogar im verstärkten Maße weiter. Wie kann man noch Politikern, Fernsehen, Zeitungen und Kirchen trauen, wenn laufend Manipulationen und Skandale aufgedeckt werden? Es werden Drahtzieher entlarvt, die bis dato als ehrlich, ehrenhaft, bieder, kurz dem Sauberfeld zuzuordnen sind. Der Mensch fühlt sich machtlos ausgeliefert, als Spielball der Mächte, man macht mit ihm was man will. Er fühlt, daß er benutzt wird, jedoch nicht zu seinem Wohle. Da die ihm zugemessene Rolle als Opferrolle empfunden wird, wird es ihm langsam unbehaglich, und er ärgert sich über diesen Mißbrauch. Ein Ausweg ist nicht in Sicht, zumal nicht sicher ist, ob er die Geister nicht selber gerufen hat. Haben durch seine Untätigkeit, seine Unfähigkeit sich zu wehren diese Kräfte nicht ein zu leichtes Spiel gehabt? Wenn der Mensch erkennt, daß er manipuliert, verraten, benutzt und verkauft worden ist und immer noch wird, und zwar durch seine Unachtsamkeit und Schwäche, so ist für ihn eine Lösung doch zu erkennen. Er muß wieder erstarken, um alles zu durchschauen, er muß seine Urteils- und Beurteilungsgabe wiederfinden. Sein Erkennen sollte sich wieder darauf konzentrieren, zu wissen, was gut für ihn ist und was ihm nützt. Mit der Stärke kommt auch das Selbstbewußtsein und die Freiheit, das freiheitliche Denken. Der Mensch muß seine Rechte zurückfordern und sie kraftvoll und unerschrocken vertreten. Den negativen Kräften, egal aus welcher Ecke sie kommen, muß er Einhalt gebieten; er darf sich nicht herunterziehen lassen. Sein Handeln sollte von Weisheit und Liebe getragen sein, damit er eingebunden bleibt in die große göttliche Weltordnung und aus seinem Handeln Segen erwächst, für ihn, seine Mitmenschen und den Kosmos. Mit Starkwerden meine ich nicht, sich auf Kosten der anderen etwas anzueignen und hart gegen die Mitmenschen zu werden. Erstarken bedeutet für mich Stärkung der Persönlichkeit mit allen positiven Eigenschaften wie Mut, Entschlossenheit, Kraft, Stärke, Güte, Weisheit und Liebe. Der Starke ist frei, er kann geben, weil er hat, und er kann Beispiel und Vordenker sein. Der Schwache ist unfrei, er kann nichts geben, weil er nichts hat. Er ist abhängig, auf die anderen angewiesen, somit gut manipulierbar. Einen Beitrag zur Evolution kann er nicht liefern. Er muß mitgeschleppt werden. Den Starken braucht die Evolution, er gibt ihr Antrieb, treibt sie durch sein bewußtes Handeln voran. Der Kosmos, die Evolution belohnt ihn dafür mit Kraftzufluß, Erkenntnis, Erfolg und gelungene Taten. Was ich mit meinem Buch erreichen will, ist, daß der Mensch von heute sich wieder auf sich selbst besinnt und seine Rechte zurückfordert, die er einmal leichtsinnig vergeben hat. Der Mensch soll wieder in sich erstarken, zu einer Persönlichkeit werden mit allen guten Tugenden, um selbstbewußt für sich Entscheidungen treffen zu können. Entscheidungen, die ihm zum Wohl und zum Heil gereichen. Er soll wieder mit Stolz und erhobenen Hauptes über diese Erde gehen. Wenn ich dazu ein paar Denkanstöße geben kann, hat sich die Mühe gelohnt.

4.

Zukunft

Es erhebt sich immer wieder die Frage, und sie wird in unruhigen Zeiten besonders oft gestellt: "hat der Mensch noch Zukunft?" Wenn man die Bedrohungen allgemein, die kaputte Umwelt, die Katastrophen, die Kriege usw. anschaut, müßte man "nein" sagen. Stimmt aber nicht. Der Mensch der heutigen Zeit hat seine Zukunft und ihre Gestaltung sogar selbst in der Hand, mit guter Aussicht auf Erfolg. Betrachtet man die Aussagen der Schwarzmaler gibt es bald einen Weltuntergang, weil sie die Dinge so negativ beschreiben, daß es keinen Funken Hoffnung mehr gibt. Wer den Rattenfängern mit ihren Negativmeinungen glaubt, sich gar ihnen anschließt, ihre Untergangsstimmung mitverbreitet, dessen Welt geht unter. Ihrem Untergang müßte man ja nicht nachtrauern, aber sie reißen viele andere Menschen mit in den Negativ-Denkuntergrund und diese stehen dann auch noch täglich an der Klagemauer des Lebens, mit ihrer Angst "es hat alles keinen Sinn". Wer keinen Sinn in etwas sieht, hat auch keinen Grund einen Ausweg zu suchen. Nur wenn das Leben einen Sinn hat, lohnt es sich, etwas zu verändern. Solange noch der Mensch Spielball des überspannten Wahnsinns ist, bleibt alles andere sinnlos. Als Sündenbock für alles muß die kaputte Umwelt, die negativen Umstände in der Welt herhalten. Die überspannte Art wird als solches gar nicht erkannt, weil sie schon zum normalen Gemeingut geworden ist. Dazu gehört übertriebener Sport, Zerstreuung, Sensation, Hobby, Politik und Geschäft usw. Das macht den Menschen zum Hamster im Käfig, der in seinem Rad ununterbrochen 'rumspringt. Das alles hat einen großen Vorteil, er braucht nicht an sich selbst zu denken, weil er nicht zur Ruhe kommt, keine Zeit hat. Die Zukunft, wenn sie einen Sinn haben soll, kann nur neu in der Stille im Inneren des Menschen geboren werden. Hier ist der Ort, wo sie Gestalt annimmt und über die Kraft der Gedanken und des Wortes nach außen getragen wird. Solange aber der Mensch nicht zur Ruhe kommt und sich nicht die Frage nach dem Sinn des Lebens stellt, gibt es keine Zielfindung. Die Sinnfrage beinhaltet auch, woher komme ich und wohin gehe ich und warum geschieht das alles mit mir? Warum die Erscheinungsformen der Welt und was ist meine Lebensaufgabe? Bei den anstehenden Fragen hätte es den Kirchen zugestanden, den Menschen Antworten zu geben. Sie haben es nicht getan, also muß er sich die Anworten selbst suchen. Einige Menschen sind auf der Suche nach den Antworten mit gutem Erfolg. Wer auf der Suche nach ehrlicher Beantwortung seiner Fragen unterwegs ist, dem wird auch klar, daß es eine neue Bewertung der Dinge des Lebens geben muß. Er sieht dann, daß das wirkliche Übel nicht die Vergiftung der Luft oder der Nahrung ist. Das Hauptübel ist die fortgeschrittene Vergiftung des Menschen und die Umwelt ist nur ein Spiegel, nur Abbild. Die Welt ist der Spiegel des Menschen, er zeigt ihm, wie es um ihn steht, wie sein Zustand ist. Es läßt sich nicht bestreiten, daß der Mensch an dieser Welt leidet. Er leidet an der Gespaltenheit, daß er äußerlich annehmen muß, was er innerlich ablehnt. Der Zwiespalt entwickelt sich zu einem krankhaften Zustand, weil das Gefühl nicht mit dem Denkmuster übereinstimmt. Gern wird gesagt, die Welt ist ja nicht in Ordnung, wie kann es da der Mensch sein?. Wie kann es da noch eine Zukunft geben? Es gibt eine Zukunft, über die Erneuerung des einzelnen Menschen, weil er auch ein Teil der lebendigen Zukunft ist. Es findet stets eine Erneuerung und Stabilisierung der Zukunft statt, durch die positiven Kräfte und durch den Glauben an die Zukunft. Das Leben geht weiter ohne Stillstand, es ist Evolution und jeder

der guten Willens ist, hat eine Zukunft, in der es sich lohnt, zu leben.

5.

Gesundheit

Der Mensch der heutigen Zeit ist, was seine Gesundheit betrifft, voll abgesichert. Krankenkassen decken die üblichen kleinen Krankheiten ab, und für die schwierigen Fälle gibt es ja noch Zusatzversicherungen. Es kann nichts passieren, wenn ihn das Schicksal auf dem Gesundheitssektor trifft. Er geht zum Arzt und wenn es schlimm ist, auch ins Krankenhaus, es gibt ja Spezialisten für hartnäckige Fälle. Die meisten Krankheiten sind erforscht und Gegenmittel sind vorhanden, was kann im Normalfall passieren. Man sagt, wo es fehlt, nein, wo es schmerzt, und der Arzt oder Professor nimmt alles in die Hände, er wird ja gut bezahlt. Man zahlt auch genügend Beiträge zu den Kassen, da kann man schon was verlangen. Der Arzt macht auch für ihn als Patienten etwas, er behandelt das Leiden und nimmt dafür dankbar sein angebotenes Geld. Apparate und Spezialistentum, was der Kranke gerne hätte, kosten eben Geld. Der heutige Mensch staunt, was die Medizin alles zustande bringt, mit was sie auf ihn wartet, Spezialgeräte für alle Krankheiten, Meßgeräte, TÜV-Anlagen für den Gesundheitsbereich usw., er braucht nicht zu tun, die Ärzte machen alles. Die Medikamente sind speziell für jede Krankheit entwickelt, sie sind teuer, also müssen sie gut sein. Warum sollen die bei ihm nicht wirken, bei vielen anderen helfen sie doch auch. Wenn der moderne Mensch krank wird, dann hat ihn das Schicksal getroffen, er lebt genauso wie andere, aber er wurde ausgesucht, eine schicksalhafte Ungerechtigkeit. Er sagt zu seinen Freunden, seinen Mitmenschen, schaut nur, mich hat es erwischt, bin ich nicht bedauernswert. Jeder der ihm zeigen will, daß er ihm gut gesonnen ist, bedauert ihn, Er sagt ihm, wer eine ähnliche oder die gleiche Krankheit hat oder daß er selbst das gleiche unverschuldete

Schicksal ertragen mußte. Der getroffene Patient fühlt sich nun in seinem Schicksal, seinem unverschuldeten Leid als Opfer bestätigt. Nun macht er Gott, die Umwelt, den Staat, seine Mitmenschen usw. dafür verantwortlich, daß es ihm so schlecht geht. Ob er selbst etwas hätte dazu beitragen können, daß es nicht so weit mit ihm gekommen wäre, dieser Gedanke kommt ihm nicht. Aber es ist ja alles in bester Hand, in der Hand der Medizin, und er frönt weiter seiner naturwissenschaftlichen Gläubigkeit. Der Mensch von heute denkt nicht daran und glaubt es nicht, daß nur der Arzt Erfolg hat, wenn der Patient und Gott mitwirken. Wenn das Heilverfahren von dem Glauben an die Selbstheilungskräfte getragen wird und die Ursache, die zur Krankheit geführt hat, beseitigt wird, gibt es Dauerheilung. Das was krank "unheil" gemacht hat, muß aufgespürt werden, was fehlt, muß gefunden werden, um wieder ganz, heil zu werden. Es ist der Schatten, der ihm verlorengegangen ist, er sieht ihn nicht mehr, er ist aus dem Blickwinkel getreten. Er hat nur die eine Seite, wahrscheinlich die angenehme Seite, gesehen, das Bild war unvollkommen. Wenn er den Schatten, die Dinge zu denen er nicht ja sagt, wieder als Teil von sich betrachtet, wird er wieder heil und somit von seiner Krankheit ge-heilt. Die Ärzteschaft geht meist nicht darauf ein, was ihm fehlt, sie fragt ihn nur, wo tut's denn weh und der Kranke sagt es ihnen. Der Mediziner behandelt sein Leiden, er schafft Abhilfe am Schmerzpunkt, nicht aber am Ursachenherd, denn dann müßte auch das seelische Problem, das zu dem Schmerz geführt hat, mitbehandelt werden. Körperliche Schmerzen sind ein Hilferuf der Seele, damit meldet sie sich in ihrer Not zu Wort. Wir sollten wieder an die Selbstheilungskräfte unseres Körpers glauben, das bedeutet, daß wir unserem Körper zutrauen, sich selbst heilen zu können. Die nötige Unterstützung muß er von uns über natürliche Mittel erhalten. Unsere Hilfe muß in guter Ernährung, sinnvollen

Bewegungsmaßnahmen, Heilkräuter, Ruhe, verminderte Aktivität, in die Stille gehen, das Leben überdenken und verändern usw. bestehen. Ist man von der Krankheit wieder genesen, gehört auch das Danken für die Errettung der Genesung dazu.

6.
Versöhnung mit der Erde

Die Zukunftsaufgabe für diese Generation ist es, sich mit der Erde auszusöhnen. Die Erde hat dem Menschen ihre Liebe gegeben und der Mensch ihr seinen Haß. Die Erde ist ein lebendes Wesen wie der Mensch, nur in einer anderen Art. Sie hat deswegen auch Empfindungen, aber anders als der Mensch. Wenn ihr zuviel Schaden zugefügt wird, dann reagiert sie. Vulkanausbrüche, Erdbeben, Sturmfluten, Lawinen sind Arten ihrer Reaktion. Die Erde hat dem Menschen immer ihre Liebe gegeben, in Form von Früchten, Pflanzen, Tieren, Klima, Wasser, Wind usw., uneigennützig. Der Mensch hat die Erde immer als sein persönliches Eigentum betrachtet, als etwas Totes, nicht lebendes, mit dem er machen kann, was er will. Er hat der Erde alles zugemutet: Atomversuche, Wettermanipulationen, Müll, Umweltverschmutzung, Dünger, Schädlingsbekämpfungsmittel usw. Mit seinem Eigentum kann er ja machen was er will. Wenn heute gegen den Mißbrauch eine Gegenbewegung entsteht, so aber nur aus Egoismus, der eigene Ast darf nicht abgesägt werden. Dabei kommt noch der Gedanke an die Nachwelt, die Kinder mit ins Spiel, was sich sehr gut macht. Es ist ja nicht allein für uns, mehr für unsere Nachkommen, es klingt so uneigennützig. Nur wenigen Menschen fällt ein, daß sie der Erde gegenüber dankbar sein sollten, weil sie die schlimmen Zustände lange Zeit geduldig ertragen hat, ohne Reaktion, bis zum heutigen Tag. Sie hat dem Menschen trotzdem ihre Liebe gegeben und gibt sie heute noch, in der vorgenannten Form. Nun ist es an der Zeit, daß wir uns mit der Erde aussöhnen. Bedeutet, daß wir die vermeidbaren Belastungen von ihr nehmen, anerkennen, was sie uns selbstlos schenkt und im Einklang mit ihr leben. Wir sollten sie wieder Mutter Erde nennen und uns in ihrem

Schoß geborgen fühlen. Sie sollte von uns geliebt und wie eine Mutter behandelt werden. Dann dürfen wir uns auch mit Stolz Kinder dieser Erde nennen, und sie wird uns ihre mütterliche Liebe angedeihen lassen.

7.

Lebensfragen

Zu unseren Lebensfragen gehört auch: "warum sind wir auf dieser Erde?" Einfach beantwortet, weil die Erde ein Lernplanet ist und wir uns vorgenommen haben, hier eine Entwicklung durchzumachen. Wir haben bei unserer Wiederverkörperung ein gewisses Potential an Erkenntnissen und Fähigkeiten, geistiger und seelischer und körperlicher Natur mitgebracht, die wir vervollkommnen wollen. Außerdem wollen wir neue Fähigkeiten hinzulernen und Dinge, die in anderen Leben uns falschgelaufen sind ausgleichen, sie wieder gut machen. Sprechen wir von alten Verwicklungen aus anderen Leben, die wir bereinigen wollen, so meine ich damit "Karma". Um das alles zu begreifen, muß man zunächst an die Reinkarnation glauben, oder sie wenigstens für möglich halten. Das bedeutet, daß der Mensch (seine Seele) sich viele Male wiederverkörpert, er kommt wieder neu auf diese Erde. Seine Seele bildet sich einen neuen Körper, sucht sich die für sie günstigsten Lebensumstände heraus, um einen möglichst großen Lernprozeß zu erleben. Die Seele bringt sich dazu alle Erkenntnisse sowie den Entwicklungsstand, den sie in anderen Leben erworben hat, mit. Der Stand des Neubeginnes ist der Stand, den die Seele beim Verlassen des Körpers im letzten Leben hatte. Wir würden es "Startkapital" nennen. Das Bestreben des Menschen sollte nun sein, mit den mitgebrachten Talenten zu wuchern, sie größer zu machen. Dazu gibt es auch Bibelstellen, in denen das Wuchern mit den Talenten belohnt wurde und der gerügt wurde, der mit ihnen nichts angefangen hatte. Warum hat besonders die katholische Kirche nichts über die Reinkarnation in ihrer Lehre, wenn sie für den Menschen so eine zentrale Bedeutung hat. Sie lehrt, nach dem Tod ist alles aus, es ist das einzige Leben, was wir haben, dem der Tod das Ende setzt. Am jüngsten Tag wird gerichtet, nach rechts oder nach links, Himmel oder Hölle, in der Zwischenzeit Fegefeuer, aus und vorbei. Keine weiteren Fragen. Alle Christen glauben dies, wagen nicht an die letzten Tage zu denken, wie schrecklich, Fegefeuer und Hölle. Nur wer im katholischen Glauben erzogen worden ist, kann die brennenden Flammen spüren, weil sie immer anschaulich geschildert wurden. Es ist nicht so, daß die katholische Kirche die Reinkarnation nicht kennt. Sie war in ihren früheren Lehren und wurde 553 beim Konzil in Konstantinopel aus der Lehre gestrichen, obwohl es in der Bibel dazugehörige Stellen bei Johannes, Jesus, Elias gibt. Die Veranlassung zu dieser Streichung soll die schnellere Entwicklung des Menschen zum Guten gewesen sein. Hat er nur ein Leben, muß er mehr tun, sich schneller entwickeln. Dadurch ist er besser zu führen und zu verführen. Der Glaube, daß nach dem Tod alles aus ist, hat bei vielen Menschen dazu geführt, weniger für ihre Weiterentwicklung zu tun. Warum anstrengen, warum moralisch, gut und gerecht sein? Was wird mir dafür in Aussicht gestellt, für das es sich lohnt, dieses alles zu tun. Hoffnung, Sinn, Ausblick zu vermitteln, das wäre in unseren Breiten, im Abendland, Sache der christlichen Religionsgemeinschaften. Aber sie haben auf die drängenden Fragen ihrer Gläubigen im 20. Jahrhundert keine Antworten. Der Mensch der heutigen Zeit fühlt sich allein gelassen, entweder er klärt seine Fragen selbst oder er wendet sich Sekten zu. Wenn nun diese Erde ein Lernplanet ist und wir hierher gekommen sind, um zu lernen, wie geht es nun, was müssen wir tun? Wir sollten Religio, die Lehre von Gott, dem Kosmos und den Lebensgesetzen studieren. Verstehen wir die Lebensgesetze und die Gesetze des Kosmos, fällt es uns leicht, nach ihnen zu leben, sie ergeben nämlich einen Sinn und sind gerecht. Das Schicksal zahlt nur jedem das aus, was er einbezahlt hat, nicht mehr und nicht weniger. Hat er gutes getan, erhält er gutes zurück, hat er schlechtes getan, erhält er schlechtes zurück. Das Leben nach diesen Gesetzen kostet uns allerdings weniger Anstrengungen, weil wir mit dem Lebensfluß konform gehen. Durch unseren "Durchblick" bauen wir uns weniger Widerstände auf, das Leben bekommt einen leichteren Gang, anecken ist weniger. Lernendes Üben der Erkenntnis enthebt uns selbst der unteren zähen Lebensmasse, was heißt, wir sind nicht mehr so stark der Spielball der Negativenergien. Vielleicht können wir unseren Mitmenschen schon Hilfe zur Selbsthilfe geben, damit auch diese auf dem Weg vorwärts kommen. Alles was unserem Nächsten dient und dem Kosmos, fördert auch unsere Entwicklung, kurz, alle Taten, die in wissentlich guter Absicht getan werden. So entwickeln wir uns Leben um Leben, immer weiter in höhere Welten, die in Schönheit sich immer weiter steigern, weil sie göttlich sind, die Himmel.

8.
Lebe wild und gefährlich

Wenn mich jemand fragt wie soll ich leben, werde ich sagen - lebe wild und gefährlich. So spricht nur ein Verrückter, es stimmt, im wörtlichen Sinn, verrückt, aus der Norm gerückt. Lebe wild heißt, wie die Wilden im Urwald oder unsere Vorfahren vor sehr langer Zeit. Sie waren nicht in Normen eingebunden, lebten frei, sie hörten nicht dauernd, das tut man nicht, die Gesellschaft mag das nicht. Damit fällst du auf, grenzt dich aus, gehörst nicht mehr dazu. Wild leben heißt auch, der Kreativität freien Lauf lassen, schöpfen aus der eigenen Mitte, ohne Blick kann rechts und links, sich verwirklichen in der eigenen Person. Damit meine ich nicht hemmungsloses Ausleben oder die Grenzüberschreitung des Lebensraumes zum Schaden der Mitmenschen. Ich meine damit, daß wir uns wieder mehr frei machen von den unnötigen Sachzwängen, daß der Nachbar, Freund oder Kollege nicht unser Maßstab ist. Wir sollten wieder "wir" werden, uns nicht von den anderen beeindrucken lassen. Gefährlich heißt für mich, daß wir nicht alles absichern sollten, für alles eine Versicherung abschließen, wieder risikofreudiger zu werden. Gefährlich leben bedeutet auch, achtsam sein, die Gefahren erkennen, ihnen ausweichen, oder sich ihnen stellen. Auf die Unwägsamkeiten des Lebens sollten wir gefaßt sein, sofort auf sie reagieren können. Das geht aber nur mit einem wachen Bewußtsein, achtsamen Augen und Ohren, wie sie ein Urwaldbewohner braucht, um zu überleben. Es gehört noch dazu, sich nicht wie die Angsthasen zu verkriechen, wenn weltpolitische Stürme angesagt sind. Kommen Bedrohungen auf uns zu oder wenn man uns ängstigen will, nicht weglaufen oder den Kopf in den Sand stecken. Wild und gefährlich leben heißt frei, kreativ, wachsam durch das Leben schreiten, sich dem Leben stellen, mutig die Lebensaufgaben angehen.

9.

Das Leben

Unser Leben muß wieder neu belebt werden, wir müssen wieder neugierig werden auf Herausforderungen. Wir müssen uns wieder der Aufgabenbewältigung stellen, Herausforderungen annehmen, an ihrer Bewältigung lernen, um zu wachsen und stärker zu werden. Nur der Starke kann geben, sei es Mut, Kraft, Stütze, Zuversicht, Hilfe, oder er kann Vorbild sein. Wir sollten die Welt erfahren, nicht nur im spirituellen Bereich, sondern in der Realität Erfahrung suchen und daraus wissend werden. Es heißt: Du sollst den Wein trinken, er soll dein Herz erfreuen. Wisse aber, du stehst am Rande des Rausches. Du sollst und mußt der Welt begegnen, dazu ist sie geschaffen. Aber bedenke, du begegnest ihr am Rande des Rausches, des Raubes, der Unzucht usw. Immer stehst du am Rande der Versuchung, aber ohne Welt zu sich zu nehmen, anzunehmen, geht das Leben nicht. Es ist immer das sowohl als auch. Der Rausch, die Motivation, ist der Weg zur Heiligung, der Sinngebung. Uns ist der Mut zum Helden verlorengegangen, wir wollen keine Entscheidungen treffen, nur alles absichern. Das Leben ist nicht feindlicher geworden, es hat Aufgaben für uns bereit und fordert uns auf, sie anzugehen. Wir kommen oft mit Ausreden, versuchen uns zu drücken und wundern uns dann, wenn uns das Schicksal an den Ohren zieht. Wenn unsere Verweigerung uns Schwierigkeiten eingebracht hat fühlen wir uns als Opfer. Leicht sagt es sich jetzt, seht doch, ich armer Tropf, wie gebeutelt ich bin, bin schwach und dem Schicksal nicht gewachsen. Ich bin Opferlamm, zu bedauern bin ich, ich war immer anständig, habe nie böses getan. Ja, gerade deswegen ist es passiert, weil nichts unternommen wurde, keine notwendigen Veränderungen, keine Reformen. Es ist ein Gesetz, das Schicksal muß handeln, es muß ausgleichen. Dieses steht schon in der Bibel - Jeder Berg und Hügel muß abgetragen und jedes Tal ausgefüllt werden. Wir sollten versuchen, zu begreifen, daß das Leben und die Welt kein Jammertal ist, es ist unser Arbeitsplatz. Es stellt uns Aufgaben, die wir lösen müssen und dafür erhalten wir Lohn und Brot. Mit welcher Motivation wir zur Arbeit gehen und wie groß unsere Arbeitslust ist, hängt von unserer Einstellung ab. sie sollte allgemein wieder positiver werden und der manchmal negativen Beeinflussung trotzen. Mut auf das Leben muß der Arbeitsgeist sein und die ganzen Versicherungspolicen müßten verbrannt werden, weil absichern nicht dem Fortschritt dient. Wer frei dem Leben ohne Angst entgegentritt, sich ihm stellt, der lebt und spürt auch, daß er lebt.

10.
<u>Gesund leben</u>

Gesund leben hat auch etwas mit gesunder Ernährung zu tun. Eine Ernährung, die den Körper ernährt, ihn heilt, die ihn heil, das heißt ganz macht. Die Energie, die wir beim Essen bekommen, sollte gut sein, dazu müssen die eingenommenen Speisen eine gute Qualität haben. Ein Sprichwort sagt, wir werden zu dem was wir essen, uns einverleiben, es wird ein Teil von unserem Leib, zu uns selbst. Das Essen sollte unseren Körper leichter, reiner, durchlässiger, leitfähiger machen, damit kosmische Impulse besser oder überhaupt empfangen werden können. Wir sollten nicht nur gute, wertvolle Lebensmittel aussuchen und zubereiten, wir sollten sie auch segnen. Ihnen sollten wir auch danken, daß sie sich für uns geopfert haben. Jedes Tier, jede Pflanze, jedes Mineral ist ein Lebewesen, ihm wohnt eine Energie, ein Geist inne, und es gibt sein Leben für uns hin, um uns zu stärken, um uns das Leben zu erhalten. Ehrfurcht und Dankbarkeit muß uns erfüllen, unserer Nahrung gegenüber. Außerdem ist es Mutter Erde, die dieses alles gedeihen läßt, unsere Gegenleistung muß Liebe, Dank und gute Behandlung sein. Unabhängig von der Art und Qualität der Nahrung nehmen wir alle Informationen in uns auf, die die Nahrung enthält. Wir sollten uns einmal bewußt den Lebe- und Sterbeprozeß unserer Nahrung anschauen, beispielsweise der Tiere. Im Tierfleisch sind alle Aggressionshormone sowie die Hormone der Todesängste vor der Schlachtung enthalten. Diese gehen beim Tierfleischkonsum in uns ein und manifestieren sich in uns. Wen wundert es da, wenn mit zunehmendem Fleischkonsum auch die Menschen immer aggressiver werden. Es gibt eine Aussage folgenden Inhalts - Es wird solange Auseinandersetzungen und Kriege geben, solange der Fleischkonsum su hoch ist. Mithin wäre ein reduzierter

Fleischkonsum oder Fleischlosigkeit eine friedensstiftende Maßnahme, ein Beitrag zum Weltfrieden. Eine reduzierte Fleischnachfrage würde die unsachgemäße Tierhaltung und schlechte Transporte verringern. Tiere müßten nicht im Schnellverfahren mit Arzneimitteln zur Schlachtreife gedopt werden. Ich habe Tierfleisch als ein Beispiel gewählt, um die Achtsamkeit für das zu wecken, was wir essen. Dabei ist immer zu bedenken, daß wir zu dem werden, was wir uns einverleiben, wie es das Wort sagt, es wird ein Bestandteil von uns, mit dem wir leben müssen. Was wir werden oder nicht werden wollen, das bestimmt unsere Nahrung.

11.

Nahrung

Die Menschheit leidet unter unzähligen Krankheiten mit steigender Tendenz. Sie läßt sich behandeln aber ohne großen Erfolg auf Heilung. Die Behandlungskosten sind sehr hoch, viel zu hoch, gemessen am Heilerfolg. Ob Ärzte, Pharmaindustrie und Patienten an einer Dauerheilung interessiert sind, ist eine ganz andere Frage. Wie viel Zeit, Energie und Geld könnte eingespart werden und wieviel Leid ließe sich vermeiden, wenn ernste Ansätze gemacht würden, das Problem in den Griff zu bekommen. Wir werden uns auf Dauer sowieso die hohen Behandlungskosten nicht mehr leisten können und müssen deshalb wohl oder übel über neue Methoden nachdenken. Jeder ist hier in der Lage seinen Beitrag zu leisten. Es ist keine Frage des Geldes, sondern eine Frage des Bewußtseins bzw. der Bewußtwerdung. Unsere Nahrung ist es, die uns krank und auch gesund macht. Was wir essen und trinken spiegelt sich in unserem Aussehen wieder und beeinflußt unsere Krankheit und unser Gesundsein. Unsere Entscheidung liegt bei uns, ob wir den Experten, unseren Gehirnwäschern, glauben oder unsere Entscheidungen selbst treffen. Sind wir weiter gläubig und essen das, was uns Spezialisten empfehlen, was gut für uns ist, was "in" ist, was alle essen, dann brauchen wir uns nicht zu wundern, wenn es uns immer schlechter geht, wir krank werden. Dafür geht es den Sponsoren der Experten, die es ja so gut mit uns meinen, immer besser. Ich will hier nicht über Nahrung allgemein schreiben, darüber sind schon genügend Bücher geschrieben worden, leider nicht nur gute. Hier möchte ich nur soviel sagen, daß die Nahrung, die so gegessen werden kann, wie sie gewachsen ist, also naturbelassen, gute Nahrung ist. Dazu zählen Obst, frischer Salat und auch Gemüse. Gemüse aber nur dann, wenn es nicht verkocht wurde, so daß Nährstoffe noch erhalten geblieben sind. Zweifelhaft ist alle Nahrung, die konserviert wurde, oder die durch allerlei Zusätze erst schmackhaft gemacht werden muß. Wichtig ist, daß die Nahrung nicht säuert, da wir alle bereits übersäuert sind. Sie muß ausgeglichen sein zwischen basisch und sauer, um ein Gleichgewicht der Körpersäfte herzustellen. Bücher darüber gibt es genug. Essen muß Spaß machen und darf nicht zu Völlegefühl und Verstopfung führen. Ist das der Fall, stimmt die Zusammensetzung und die Zusammenstellung nicht. Nahrung muß ernähren, wie das Wort sagt, es reicht nicht, wenn sie uns nur am Leben erhält. Interessant ist es, daß Freßverhalten der Tiere anzuschauen. Sie wissen, was gut für sie ist, was nährt, was weniger bekommt und was giftig ist. Sie haben einen inneren Wächter, der sie leitet. Wir haben auch solch einen inneren Wächter, dem wir wieder Gehör schenken sollten. Dazu gehört, daß wir ihn wieder freischaufeln und die Gehirnwäsche und Expertengläubigkeit nicht mehr zulassen. Auf uns ist der beste Verlaß, wir wissen, was für uns gut ist. Unser Bestreben muß es wieder sein, Nahrung zu uns zu nehmen, die uns stark und leistungsfähig macht. Sie muß uns gesund erhalten, gegen Verschleiß wirken, Krankheiten vorbeugen und vorhandene Schädigungen abbauen und uns ein hohes gesundes Alter schenken. Da die Nahrung für den Menschen so enorm wichtig ist und sie sein Leben so mitbestimmt, sollte sehr früh mit ihrem richtigen Umgang Aufklärung betrieben werden. Die Lehre von der richtigen Nahrung sollten den Kindern bereits in der Schule, evtl. auch schon im Kindergarten vermittelt werden. Dazu gehört, Ernährungslehre als Pflichtfach einzuführen und von Experten lehren zu lassen. Mit Experten meine ich nicht Lehrer, die von der Industrie gesponsort werden. Leicht dürfte es sein, Fächer mit weniger Lebensnutz gegen das wichtige Fach Ernährung auszutauschen. Wenn der Körper gesund ist, fühlt sich auch der Geist besser, das würde bedeuten, daß Lernen, die Aufnahme des Lehrstoffes, wesentlich leichter fällt. Was auch das Sprichwort sagt - "In einem gesunden Körper wohnt ein gesunder Geist." Als nächstes wäre das Krankenhaus zu nennen. Kaum einer der Ärzte macht sich die Mühe, dem Patienten eine andere Lebensweise in der Ernährung vorzuschlagen. Ihm die Kehrtwende ans Herz zu legen, sich anders zu ernähren, um den Heilungsprozeß zu unterstützen, Schädigungen rückgesunden zu lassen und neuen Erkrankungen vorzubeugen wäre wichtig. Gerade in seinem Krankheitszustand wäre der Patient offen, seinen Weg zu ändern, besonders dann, wenn es ihm von einem Experten, dem Arzt empfohlen würde. Die Frage ist, kann man es nicht, oder will man es nicht. Ist es die fehlende Zeit, fehlen die dazugehörigen Kenntnisse oder hat man überhaupt die Notwendigkeit erkannt. Kurz, es gibt viele Möglichkeiten, seine Eßgewohnheiten, seine Nahrungsaufnahme, seine Nahrungsqualität zu verändern. Jeder möge zunächst bei sich beginnen, auch wenn der Anfang nur bescheiden ist und bei Erfolg anderen davon berichten.

12.
<u>Schweigen</u>

Schweigen ist etwas, was dem heutigen Menschen schwer fällt. In unserer lauten Welt fühlen wir uns stetig veranlaßt, etwas zu sagen. Jeder sagt etwas, warum nicht auch wir. Ohne reden geht es nicht so gut, die anderen würden uns ja für doof halten, wenn wir unsere Meinung nicht dazugeben würden. Egal, ob wir etwas zu dem Thema wissen oder nicht, wir leisten unseren Redebeitrag, oft inkompetent, einfach so, auch ohne gefragt zu sein. Jeder hat doch das Recht zum Reden, warum nicht auch wir. Schweigen ist für uns ganz schwierig, es bedeutet, zu uns selbst zu kommen, nicht mehr im Außen zu sein. Die Betriebsamkeit, die Ablenkung ist zu Ende oder reduziert, wir sind bei uns selbst, wir müssen mit uns selbst zurechtkommen. Für viele Leute die Stunde der Einsamkeit, es macht Angst, so alleine mit sich zu sein. Jetzt kommen die Dinge auf, an die wir nicht denken wollten. Erledigungen stehen an, unerledigte persönliche Probleme. Da sind sie nun, verdrängen, weitermachen wie bisher, oder das Anstehende angehen und erfolgreich lösen. Ohne Schweigen wären wir nicht zur Ruhe gekommen, unsere anstehenden Probleme wären uns nicht so bald oder gar nicht bewußt geworden. Wir sollten uns auch einmal ins Gedächtnis rufen, was wir alles sagen, wieviel Beiwerk, wieviel unwichtige Dinge, die Zeitvergeudung und unnötiger Atemverbrauch sind. Ist es da so schwer, zu schweigen oder statt dessen einem guten, positiven Gedanken Raum zu geben, ihn sich formen zu lassen. Schweigen und still werden bedeutet auch, daß die geistige Welt wieder zu uns sprechen kann. Uns Informationen zukommen läßt, wir werden wieder an den geistigen Kanal angeschlossen, den wir für ein funktionierendes Leben brauchen. Wie soll uns die leise Stimme der Engel erreichen, wenn wir so laut sind oder gar nicht zu Hause, sondern nur aushäusig, unsere eigene Wohnung nicht mehr kennen? Schweigen hilft auch, die Umwelt beruhigen, für andere Leute Vorbild zu sein, unnötiges Reden zu vermeiden, mithin gibt es auch weniger negative Gespräche. Es ist ein konstruktiver Beitrag zum Umweltschutz, weniger Sprachmüll. Wie innen, so außen - Wenn der Mensch innen in sich oder von innen keinen Müll produziert, wird es auch außen keinen geben. Die äußere Welt ist immer ein Spiegelbild der inneren Welt des Menschen.

13.
Zuhören

Lerne zuzuhören und höre zu, um zu lernen. Das habe ich einmal gelesen und fand bei tieferer Betrachtung einen tiefen Sinn darin. Zuhören ist ein Akt der Höflichkeit, mit dem man dem Sprechenden seine Achtung zollt. Außerdem ist es eine Geste dem Sprechenden gegenüber, die er sich ausbitten kann. Den größten Nutzen vom Zuhören haben wir selbst, denn nur so kann einer vom anderen etwas erfahren. Vielleicht ist es eine wichtige Information, oder die Ansätze dazu, ein Hinweis, der uns eine Sache in einem anderen Licht sehen läßt, eine Einladung, ein gutes Angebot, Fakten zur Revidierung einer vorgefaßten Meinung usw. Wir müssen uns oft zwingen zuzuhören, wir sind oft geneigt, zu früh zu unterbrechen, bevor der andere seine ganze Mitteilung losgeworden ist. Vielleicht war der letzte Teil seiner Rede der wichtigste. Hier rede ich allerdings nicht den Schwätzern das Wort, da bleibt es jedem selbst überlassen, wann er dem Redefluß ein Ende setzt. Die Wortgewaltigen, Schwätzer und Wiederholer könnte man mit dieser Frage stoppen: "Erzähle mir etwas, was ich noch nicht weiß." Wir sollten wieder lernen, geduldig zuzuhören, damit unser Gegenüber uns auch als Partner vertraut und in offener Ehrlichkeit sein Gespräch formulieren kann. Lernen können wir aus allen Informationen, die uns das Zuhören bringt, an uns liegt es, etwas damit anzufangen. Wichtig ist, zu analysieren: "Warum habe ich diese Gesprächsbotschaft gerade jetzt erhalten, von dieser Person, warum, was hat sie mir zu sagen, was soll ich tun?" Das Gespräch ist auch ein Informationskanal, der uns Botschaften, Intuitionen aus der außerirdischen Welt bringt. Was ist aber, wenn wir unser Empfangsgerät nicht eingeschaltet haben oder es dauernd abschalten? Wir brauchen diesen Informationskanal, dieses macht das Zuhören so wichtig und auch so interessant. Botschaften aus den Gesprächen auszufiltern bedarf keiner großen Schulung, achtsames Zuhören genügt.

14.
Gott

Ich möchte zu dem heiklen Thema Gott meine persönliche Meinung äußern. Soweit es mir vergönnt ist, es zu denken und zu hinterfragen. Fest steht, daß eine große Zahl der Menschen einen falschen Gottbegriff hat. Das liegt an der Lehre ihrer Religionsgemeinschaften, die Gott immer personifiziert, etwas menschenähnlich aussehendes aus ihm gemacht haben. Gott wurde zu einem gütigen Vater, der alle Eigenschaften eines irdischen Vaters hat, er hat Launen, er straft, ist gnädig, liebt, ist nachsichtig zu seinen Kindern. Dieses Bild ist vorwiegend das Verdienst der Religionsgemeinschaften westlicher Prägung, besonders der katholischen Kirche. Sie haben den Gottesbegriff verkommen lassen, zu etwas, was Gott nicht verdient hat und was ihn nicht mehr Gott sein läßt, weil es einen menschlichen Gott nicht geben kann. Die Juden haben in ihren Schriften - "du sollst dir von Gott kein Bild machen" - was heißt, ihn nicht personifizieren, das trifft den Kern. Gott ist alles, er ist in allem, alles ist Gott, immer, überall, nicht zu begreifen, nicht zu ergründen, mit dem menschlichen Verstand. Gott ist eine Macht, eine Kraft, die sich dem Verstand entzieht, auch dem Messen, Wiegen, dem genauen Definieren der Naturwissenschaft, einmalig, ohnegleichen. Wäre es nicht so, wäre es nicht Gott. Wir alle haben von ihm etwas in uns und sind somit Söhne und Töchter Gottes. Dieses ist der göttliche Funke in unserer Seele, der uns dazu macht. Es gilt, sich seiner Gottähnlichkeit bewußt zu sein, ihn aus diesem Verständnis heraus Vater oder Mutter zu nennen. Wir können uns an ihn direkt wenden, mit ihm sprechen, ihm unsere Bitten vortragen, wo immer wir sind. Dazu brauchen wir keine steinerne Kirche, keine Mittler wie Religionsgemeinschaften. Es gilt, auch den Kirchen den Rücken zu kehren, wenn sie weiterhin die Menschen, die sich zu ihnen bekennen wie geistige Sklaven halten. Wenn die Gläubigen nur zu eigenen Zwecken willkürlich mißbraucht werden zur Machtverstärkung oder zur Geldabgabe. Wie kann eine Kirche glaubhaft sein, die nicht mehr an den spirituellen, ewigen Wahrheiten interessiert ist? Wenn sie nicht mehr Trägerin und Lehrerin des spirituellen Funkens, der Mysterium ist, sondern nur noch Historie lehrt, der Naturwissenschaft verbunden. Die Kirchen, das Bodenpersonal Gottes, verkünden nicht mehr ewige Weisheiten, sie sind zu Märchenerzählern geworden, die von ihren Angehörigen Gehorsam in Glaubensfragen verlangen, aber nicht wissen, von was sie sprechen. Die Kirchen und besonders die katholische und evangelische, können aus ihrer Lehrarroganz nicht geweckt werden, weil alle Schäfchen treu und brav hinter ihnen herlaufen. Ohne kritische Fragen zu stellen, ohne sie Stellung beziehen zu lassen, ohne Verlangen nach echten Lehren, nach guter Unterweisung. Wir müssen wieder die Sehnsucht in uns wecken, mehr über Gott zu erfahren, ihn zu erkennen versuchen. Er begegnet uns täglich in allen Dingen, weil alles Gott ist, dieses macht es uns leicht, fromm zu werden. Gott in allem zu erkennen und danach handelt ist Religio, abgelöst von allen Glaubensgemeinschaften. Eine Gotteserfahrung und Gotteserkenntnis sowie entsprechendes Handeln können uns auch die Kirchen vermitteln, aber durch ein Fachpersonal, das kompetent ist, oder sein darf. Durch Priester, die das Heil des Menschen im Auge und Herzen haben und nicht nur ihre Organisation. Pfarrer müssen es sein, die nicht nur diesen Beruf haben, sondern eine Berufung, Gott und den Menschen zu dienen. Wenn wir einen richtigen Gottesbezug haben, verändert sich unser Leben in uns. Wir ändern unser Verhalten zu allen Menschen und verändern dadurch die Welt. Wir bringen mehr Göttlichkeit in die Welt und werden somit zu echten Söhnen und Töchtern Gottes.

15.
Religion

Für den Menschen des 21. Jahrhunderts ist die Eigenständigkeit, die persönliche Entscheidungsfreiheit angesagt, auch in Religionsangelegenheiten. Dazu gehört, daß er von seiner Religionsgemeinschaft sein Recht zurückfordert, wieder selbst für sich entscheiden zu dürfen. Er muß wieder das Recht bekommen, in Glaubensfragen selbst denken zu dürfen und berechtigte Zweifel und Kritik zu äußern, ohne sofort ein Ketzer zu sein. Bei offenen Fragen sollte er sich nicht mit dummen Kindererklärungen abspeisen lassen, es darf keine Fragen geben, die tabu sind. Er muß zum Beispiel darauf Antworten bekommen, wo die gesammelten Gelder hingehen und was mit der Kirchensteuer finanziert wird, und was versteht die Kirche unter Missionsarbeit. Es darf ihm nicht vorgegaukelt werden, die Kirchen zahlten alle karitativen Einrichtungen, wenn der Anteil nur 10 % ist. Bei der katholischen Kirche wären die Fragen nach den Pfarrerskindern und deren Bezahlung sowie die Verstrickung des Vatikans in illegale Geldgeschäfte mit der Mafia zu beantworten und auch zu verantworten. Viele Dinge gäbe es noch aufzuzählen, was der Kirchensteuerzahler mitfinanzieren muß. Er muß auch sein Recht fordern, freiwillig Kirchensteuer im angemessenen Maß zu zahlen und dafür eine angemessene Leistung verlangen. - Dazu gehört der Priester als Fachmann in Glaubensfragen. Das gläubige Volk der heutigen Zeit braucht keine Pfarrer, die immer noch die Sprache von vor 100 Jahren sprechen. Die meisten sind nicht qualifiziert genug, der Menschheit Antworten auf ihre drängenden Fragen zu geben. Sie sind nicht in der Lage, das Mysterium zu lehren, sondern reden von Historie und sind dem Zeitgeist verfallen. Der Priester muß in der Lage sein, Seelsorge zu betreiben, die Seele der Gläubigen mit ewigen Wahrheiten versorgen, sie zum Heil führen, zu Gott. Kindliche Gespräche, abgedroschene Phrasen und Märchen sind nicht der Weg dazu und finden auch keine Resonanz. Der Mensch von heute, der gläubig sein will, will einer Religion angehören, die ihn nicht manipuliert, ihm Freiheit im Denken und Handeln zugesteht. Die religiösen Führer, besonders die Bischöfe, dürfen sich nicht auf einen Schmusekurs mit der Politik einlassen und dem aktuellen Zeitgeist das Wort reden. Es fehlt diesen Religionsführern an klarem Durchblick, Mut, tiefem religiösem Verständnis und Rückbindung zur Religio. Wie könnten sie sonst so viele Fehlentscheidungen treffen, die nicht dem Heil des Menschen dienen? Man muß auch alle Handlungen der Kirchen kritisch, nüchtern beobachten und Fehlentscheidungen nicht als unfehlbar hinnehmen. Um wieder eigenständig zu werden, ist es notwendig, seinen Willen zu gebrauchen, die Abbuchung der Zustimmung zu allem zurückzufordern, um den Kurs für sich selbst zu bestimmen. Jeder Mensch weiß, von innen heraus, aus dem Herzen, dem Bauch, dem Solarplexus, was für ihn gut und richtig ist, aber er hat Angst, zu handeln. Er hat Angst, wenn er nicht macht, was die Kirchen von ihm verlangen, nämlich bedingungslosen Gehorsam, würde er Gott verärgern, und er müßte mit Strafe rechnen. Handelt die Kirche für ihn, fühlt er sich für das, was gemacht wird nicht mehr verantwortlich, man regelt alles für ihn, und es ist bestimmt gut, denn sie sind ja Gottes Bodenpersonal. Gerade diese Verantwortung muß er wieder selbst übernehmen, er muß wieder sein religiöses Tun selbst abrechnen, und zwar mit Gott und über keine Zwischenstation. Sein Denken und Handeln muß wieder so sein, daß er vor Gott bestehen kann und er dazu keine Absegnung einer irdischen Institution braucht. Der Richter in ihm muß ihm sagen, was richtig und falsch ist und dafür die Verantwortung übernehmen. Kann er sein Handeln vor sich selbst absegnen, vor sich

selbst bestehen , dann hat er auch Gottes Segen. Rechte zurückfordern bedeutet, wieder Freiheit gewinnen und nur der freie
Mensch kann für sich freie und gute Entscheidungen treffen.

16.

Tod

Wenn es auf dieser Erde eine sichtbare Gerechtigkeit gibt, so ist es das Sterben. Keiner entrinnt dem Tod, ob reich oder arm, bedeutend oder unbedeutend, jung oder alt, fromm oder ungläubig. Keiner kann am Sterben drehen, mit dem Tod einen Handel machen, ihn bestechen, austricksen, sich verstecken, ihn ignorieren. Der Tod kommt zu jedem, dessen Stunde abgelaufen ist. Manchmal angemeldet, durch Krankheit, Gebrechen, Alter, aber auch ohne Anmeldung. Dann steht in der Todesanzeige plötzlich und unerwartet, vielleicht durch einen Unfall oder aus heiterem Himmel. Trifft es Verwandte, Familienangehörige oder Freunde, steht der Mensch fassungslos da, das plötzliche Ereignis in seiner unmittelbaren Nähe erinnert ihn an seinen eigenen Tod. Vielleicht war der Verstorbene genauso alt wie er oder noch wesentlich jünger, und er denkt, es hätte auch mich treffen können, was wäre dann? Es überfällt ihn Angst, er wird sich seiner Machtlosigkeit, diesem Schicksalsschlag gegenüber bewußt. Wenn die Beerdigung, die Trauerfeier vorbei ist, geht man wieder zur Tagesordnung über. Er denkt, wir leben noch und das Leben muß ja weitergehen. Vielleicht solltest du etwas gesünder leben, ab und zu mal zum Arzt gehen und dir mehr Freude gönnen, denn das Leben kann kurz sein. Nun wollen wir aber das Unangenehme schnell vergessen und uns wieder dem Leben zuwenden. Dann geht es ganz normal weiter, bis der nächste Todesfall eintritt, dann läuft alles genauso wie vorher beschrieben ab. Wir haben leider zum Tod keinen Bezug, weil er uns von den christlichen Religionsgemeinschaften für etwas Endgültiges verkauft wurde. Dadurch ist der Tod bei uns in der Verdrängung gelandet, wir wollen mit ihm nicht zu tun haben. Er nimmt uns von dieser schönen Erde und läßt uns in eine ungewisse, hoffnungslose Zukunft gehen. Nach diesem einen Leben ist alles aus - es gibt nur Himmel oder Hölle und als Zwischenstation das Fegefeuer. Das Fegefeuer ist fast jedem gewiß, weil keiner auf der Erde wie ein Heiliger gelebt hat. Fegefeuerqualen zu ertragen, ist kein schöner Gedanke, er macht Angst. Wir spüren in uns deutlich den Schmerz des Feuers und wir wissen nicht, wie lange es dauern wird. Kein Bußkatalog hat uns über die Zeiten und die Intensität des Feuers aufgeklärt, für welche Taten was gemacht werden muß. Nein, lieber nicht an den Tod, an das Ende denken, er kommt noch früh genug. Die meisten Völker haben zum Tod eine andere Beziehung als wir, in unserem christlichen Kulturkreis. Sie sehen den Tod als einen Übergang vom Diesseits ins Jenseits, jedoch mit anderen Aussichten, die eine andere Hoffnung vermitteln. Durch den Tod stirbt der Leib, der irdische Körper ab und zerfällt wieder in seine Bestandteile. Aber der Körper wurde auch von der Seele bewohnt, sie hat ihn gesteuert, ihm Leben geben, ihn Mensch werden lassen. Sie ist Energie, sie kann nicht verfallen, nur transformiert werden, umgewandelt. Alles was wir erfahren, gelernt haben im Leben, ist in der Seele gespeichert, es geht nie verloren. Das erarbeitete Wissen, die Erfahrung, die beim Tod in der Seele gespeichert sind, nimmt sie mit ins Jenseits und bringt sie bei einer Wiederverkörperung als Startkapital wieder in die Welt mit. Wenn wir den Tod im Zuge der Re-Inkarnation (Wiederverkörperung) sehen, ist er der Übergang in eine andere Welt. Die Geburt ist der erneute Übergang in diese Welt. Was im Jenseits Tod ist, ist im Diesseits Geburt und im Diesseits Geburt ist im Jenseits Tod. Es handelt sich hierbei nur um die Seele, nicht um den Körper. Kommt die Seele wieder zur Erde, bildet sie sich einen neuen Körper nach ihren gespeicherten Fähigkeiten und Erfahrungen aus vergangenen Leben. Wir sind zum immerwährenden Wechsel verurteilt, zur Wanderung zwischen den Welten, wie es die Dichter beschrieben haben. Wenn nun nach dem Tod, nach dem Hinübergang in die andere Welt, dort nicht so grausame Dinge passieren, wie man es uns von den christlichen Kirchen gelehrt hat, wovor sollen wir dann Angst haben? Es müßte uns Mut machen, eine Erholphase zu bekommen, Zeit zur Verarbeitung des alten Lebens, Zeit, uns neue Aufgaben für das nächste Leben zu stellen. Ich habe auf diesem Lernplaneten Erde meinen Lebenszyklus beendet, der Tod nach ewigem Ratschluß hat mich abberufen. Nun gehe ich ins Jenseits, schaue mir nach der Ankunft oder im Sterbeprozeß mein Können oder Unvermögen an (es wird mir im Abriß gezeigt) und ziehe meine Schlüsse zur Verbesserung daraus. Ruhe mich als Seele bis zum neuen Erdenleben aus und gehe dann wieder auf die Erde, mit dem Wunsch, es diesmal besser oder noch besser zu machen. Wo bleibt da die Angst vor dem Sterben, die panische Angst, tot zu sein? Ich bin ja nicht ewig verloren oder wurde gequält im Fegefeuer. Eine gewisse Angst wird bleiben, wegen der Ungewißheit, wie wir aus dem Leben scheiden (Siechtum, Krankheit, Art des Todes), aber es ist keine Angst vor dem Danach, nach dem Tod. Es wäre sinnvoll, sich über seinen Abgang aus diesem Leben Gedanken zu machen. Was kann in letzter Minute vor dem Heimgang noch Nützliches getan werden. Was ist auf dem Sterbebett noch möglich? Dazu gehört, allen Menschen zu verzeihen, auch den Institutionen, mit denen man noch einen Konflikt hat. Seine Fehler einzusehen, sie zu bereuen. Das, was im Leben geschehen ist, zu akzeptieren, als notwendig für den Entwicklungsprozeß. Für die Erfahrung, die das Leben vermittelt hat, zu danken. Alles loszulassen, damit ein leichtes Scheiden möglich ist. Es gehört auch dazu, jeden Tag so zu leben, als wenn es der letzte Tag wäre. Das bedeutet, das Leben jeden Tag auszukosten, ihm das Beste abzugewinnen. Das Leben kann dadurch reichhaltiger, intensiver werden, und jeder neue Tag ist ein geschenkter Tag, auch ein Neubeginn.

17.

Organverpflanzung

Es ist schockierend für sehr viele Leute, wenn jemand zur Organ-
verpflanzung nein sagt. Was ist das nur für ein Mensch, wie herz-
los seinem Nächsten gegenüber. Denkt nicht daran, wenn er selbst
einmal in die Lage kommt und ein Organ braucht. Wenn einer
sowieso stirbt, warum soll er nicht dann einem anderen Mitmenschen einen letzten guten Dienst erweisen. Außerdem sieht der
Himmel die gute Tat und wird dem Spender einen Bonus gut-
schreiben. Auch die Kirchen, Bischöfe, Ärzte heißen es eine gute
Tat und bitten um diese Hilfe, die dem notleidenden Nächsten gilt.
Der Spender wird durch seine Tat von der Gesellschaft geadelt,
seine Familie auch, wenn sie die Zustimmung geben muß. Alle
fühlen sich wohl, edel, sehr gut wegen dieser großartigen Tat. Bevor man einer Organspende das Wort redet und sie edel macht,
muß man sich mit der Situation des Vorganges vertraut machen.
Beleuchtet man den Gesamtvorgang, ergeben sich andere Ge-
sichtspunkte. Die Entnahme der Organe ist nur möglich und die
Organe sind nur brauchbar nach dem Hirntod und dieser tritt vor
dem Herztod ein. Nach einem Herztod ist jedes Organ unbrauch-
bar für die Verpflanzung. Das bedeutet, daß der Herztod der end-
gültige Tod des Menschen ist. Der Mensch lebt nach dem Hirntod
noch bis zum Herztod, zwar eingeschränkt, aber er lebt. Er befin-
det sich zwischen Hirn- und Herztod in der Sterbephase. Der Be-
weis für das Leben ist, daß der Blutdruck bei der Organentnahme
steigt, was evtl. auf Angst oder Schmerzen zurückgeführt werden
kann. Der Hirntod als Entnahmezeitpunkt wurde in den USA von
den Ärzten festgelegt bzw. die brauchbare Organentnahme wurde
dadurch manifestiert. Keiner der praktizierenden Ärzte der Verpflanzung, auch nicht die Kirchen, haben sich die Mühe gemacht,

die Vorgänge zu durchleuchten. Entscheidungen zugunsten der betroffenen Opfer (Spender) zu revidieren, hat sie nicht interessiert. Ich bezeichne die Organentnahme als eine vorzeitige Tötung an einer sterbenden Person, evtl. auch noch ohne deren Einwilligung. Es ist eine Schande, wie mit den Menschen und deren Angehörigen umgegangen wird, wenn man Organe von ihnen braucht, bzw. die Freigabe zur Entnahme. Es wird von den Ärzten das Gefühl der Ratlosigkeit, die Verwirrung, die Trauersituation der Anverwandten ausgenutzt, um eine Zustimmung der Entnahme zu bekommen, wenn der Spender nicht entscheiden kann. Die Organe werden abgeschwatzt und moralisch abgepreßt. Wenn man dann bedenkt, wie mancher Spender nach der Freigabe zurückkommt, ausgeschlachtet wie ein Tier. Dann nützt, hätte ich das gewußt, hätte ich nicht ja gesagt, auch nichts mehr, und der lebenslange Vorwurf bleibt. Die Verpflanzung der Organe und die teure Nachsorgung ist ein sehr gutes Geschäft der Ärzte, Krankenhäuser und besonders der Pharma-Industrie. Diesen liegt nicht der Mensch am Herzen, sondern der Profit, der legal von der Solidargemeinschaft abgezockt wird, unter dem gütigen Auge des Volkes. Von der Seite des Empfängers muß auch eine Betrachtung vorgenommen werden. Er wartet darauf, daß ein Spender bald stirbt, damit er überleben kann. Wer kann ihm verdenken, wenn er sich in seiner Not einen baldigen Tod eines Spenders wünscht. Zu bedenken sei noch, daß er sein natürliches Ableben nicht akzeptiert und somit Gott in den Plan pfuscht. Außerdem ist zu beobachten, daß die erfolgreiche Spende in den meisten Fällen beim Empfänger keine Veränderung in seinem Leben bewirkt, er dümpelt weiter im alten Fahrwasser. Es ist nicht zu beobachten, daß der Empfänger aus Dankbarkeit der Hilfe gegenüber, das neue Leben als einen Neubeginn annimmt und etwas Grundlegendes ändert. Wichtig ist es, mit allen Organen von dieser Erde zu gehen. Wir sind nur Besitzer unseres Körpers, nicht Inhaber, er gehört dem Kosmos, Gott. Wir haben ihn ganz erhalten und müssen ihn auch ganz wieder zurückgeben. Unser Leib, unser Leben haben wir vom Kosmos, von einer höheren Macht erhalten. Von einer höheren Macht, die über uns steht, wurde unsere Geburt bestimmt und unser Tod festgelegt. Es ist nicht mit naturwissenschaftlichem Wissen festzulegen, zu erforschen, wann wir kommen und gehen, es bleibt ein Stück Mysterium, Gott sei Dank.

18.
10ten

Sprechen wir von dem 10ten, dann meinen wir eine Abgabe von 10 %. Früher wurde der 10te an den Tempel, an die Kirchen - in Verlängerung dessen an Gott - gegeben. Es war ein Dank für gutes Gelingen, für Erfolg, für Mehrung, es war ein freiwilliges Opfer, das man darbrachte, abgab. Das Abgeben vom Überfluß erfolgte mit einem guten Gefühl und man war sich auch des Rituals bewußt. Es war eine Gabe, ein Opfer an Gott und es ruhte ein Segen darauf. Heute entsinnen wir uns dessen nicht mehr, höchstens, daß es gut ist, 10 % für das Alter zurückzulegen. Oder wir denken, mit den ca. 10 % Kirchensteuer wäre alles erledigt. Weit gefehlt, es sind zweierlei Dinge, ohne direkte Berührung. Heute wäre es wieder besonders angebracht, 10 % vom Einkommen, vom Überfluß Gott zu opfern. Dieses kann so geschehen, daß man mit seiner Spende eine Institution, eine bedürftige Person unterstützt oder Hilfe zur Selbsthilfe gewährt usw. Der Phantasie sind keine Grenzen gesetzt. Egal, wer die Spende erhält, es sollte ein geheiligter Zweck dahinter stehen, der Religio verbunden. Der Spender sollte für sich ein gutes, zufriedenes Gefühl dabei haben. Eine andere Möglichkeit, den 10ten zu geben ist, Gott, dem Himmel 10 % seiner Arbeitszeit zu geben, zu opfern. Das heißt, wenn ich 10 Stunden für mich arbeite, für das Leibliche, das Materielle, 1 Stunde für das Seelische, das Göttliche in mir aufzuwenden, zu opfern. Diese Stunde kann genutzt werden für Meditation, Gebet, Andacht, innere Einkehr, Beschäftigung mit Spiritualität, Religio, meinem Lebensweg, wo komme ich her, wo gehe ich hin, was ist der Sinn meines Lebens. Die Art des Opfers und - bildlich gesprochen - der Altar - bleiben jedem selbst überlassen.

19.
Sonntag

Der Sonntag, der Tag der Sonne, der wieder Sonne in unser Leben bringen sollte, ist uns verloren gegangen. Am Sonntag sollten wir Sonne, Wärme, Energie auftanken, um für die kommende Woche gerüstet zu sein. Wir sollten mit Sonnenenergie durchflutet werden, um den Unwägbarkeiten des Lebens besser begegnen zu können. Der Sonntag sollte uns für einen Tag in der Woche unserer schweren Alltagslast, der Verantwortung, der erdrückenden Bürden entheben. Die Last, die wir immer lauthals beklagen sollte uns einen Tag von den müden Schultern genommen werden. Er sollte uns herausrücken, leicht machen, keinem Druck aussetzen, damit wir uns den geistigen, den schönen Dingen, beispielsweise der Religiosität zuwenden können, um uns auszuruhen und neue Kräfte zu sammeln. Wir haben aber den Sonntag zu einem zusätzlichen Werktag gemacht, den wir nur unmerklich anders begehen wie die übrigen Tage. Wir arbeiten auf anderen Lebensbaustellen mit demselben Druck, den wir uns selber machen. Am Montagmorgen sind wir noch müde, vielleicht sogar noch abgespannter, als wenn wir den Sonntag wie einen Werktag verbracht hätten. Uns wundert es, daß wir aus dem Sonntag keine neue Kraft geschöpft haben und machen alles mögliche verantwortlich für die nicht gelungene Erholung, die wir uns ja so sehr erhofft hatten. Der christliche, religiöse Mensch unserer Vorzeit konnte dem Sonntag noch eine Bedeutung geben. Der Tag war geprägt durch den Kirchgang, der ihm von der Kirche vorgeschrieben war. Gerne folgte er dem, weil es für ihn das Heraustreten aus dem Alltag war. Den Tag begann er mit einem Dialog mit dem Himmel, der ihm die Erkenntnis vermittelte, daß es außer materiellen noch geistige Werte gab. Seine schönsten Kleider zog er an und es gab auch kein Alltagsessen. Der Sonntag wurde in Ruhe, in einer gewissen Feierlichkeit begangen. Unsere Vorfahren haben es verstanden, dem Sonntag eine herausragende Position gegenüber den anderen Tagen zu geben. Sie haben einen Tag lang die Sorgen des Alltags vergessen oder ihnen nach Maßgabe der Dinge eine andere Gewichtung zugemessen, um sie dann neu anzugehen. Wir sehen diese Art, den Sonntag zu feiern noch heute in anderen Ländern, besonders im Süden. Obwohl diese Länder oft sehr große materielle Sorgen haben, treten ihre Bewohner am Sonntag aus ihrem Alltag heraus. Sie vergessen für einen Tag alles, was sie bedrückt, sind fröhlich und feiern und am Montag beginnt für sie wieder der Alltag. Wir bewundern diese Mentalität, wären gerne noch so wie sie, glauben aber, es trifft nicht mehr auf uns zu, weil wir inzwischen andere Bedingungen haben. Was ist zu tun? Wir sollten uns wieder auf die Bedeutung des Sonntags besinnen und ihm wieder einen hohen Stellenwert geben. Der Tag muß sich von den Werktagen deutlich unterscheiden, Ruhe muß wieder einkehren, damit wir uns ausruhen, um Kraft schöpfen zu können. Der Sonntag muß wieder gefeiert werden, was auch etwas mit Feierlichkeit zu tun haben sollte, denn Feierlichkeit ist keine Alltäglichkeit. Der Sonntag sollte uns wieder in die Geistigkeit bringen, an die Religion anbinden, die uns unseren Lebensweg beschauen läßt. In der Unhetze können wir neue Lebensweichen stellen, uns Strategien ausdenken, das Leben in den Griff zu bekommen, es besser zu meistern. Aus dem Alltag heraustreten heißt auch, uns selbst einmal anzusehen und Erkenntnisse aus unserem Verhalten zu ziehen, die wir bei der Unrast nicht wahrnehmen. Veränderungen sind nicht möglich, wenn wir stundenlang fernsehen, Sport treiben bis zum Umfallen, Kilometer um Kilometer mit dem Auto abfahren, uns vollsaufen, volllabern, joggen bis zum Herzinfarkt. Wir sollten wieder zur Ruhe kommen, um umdenken zu können. Es sollte uns klar werden, daß wir vieles tun, nur um uns abzulenken, um mit uns nicht alleine zu sein. Ruhe macht uns Angst, ist uns gefährlich, wir können uns nicht mehr definieren, wir wissen nicht mehr, wer wir eigentlich sind. Keiner redet mehr von gut und böse, es herrscht Sprachlosigkeit, wir können uns nicht mehr mitteilen. Auf uns gestellt , fühlen wir uns klein, armselig, auf uns zurückgeworfen. Dazu kommt die Angst, vor uns nicht mehr bestehen zu können. Der Sonntag sollte uns wieder zur Einsicht, Übersicht, und Aussicht verhelfen. Einsicht, indem wir uns die Zeit nehmen in uns hineinzuschauen. Zu sehen, wie es in unserem Inneren aussieht oder mit unserem Inneren bestellt ist. Übersicht, indem wir erkennen, was uns fehlt, was wir brauchen oder auch nicht mehr brauchen für unseren weiteren Lebensweg. Übersicht, nachdem wir Mut geschöpft haben, den eingeschlagenen Lebensweg fortzusetzen, auch die Möglichkeit sehen unser gestrecktes Ziel zu erreichen. Wichtig ist, Sonntag und Werktage zu trennen. Der Sonntag sollte der Sonne geweiht werden, der Werktag dem Werk.

20.
Träume

In der Antike, in Ägypten und Griechenland flehte man die Götter um einen Traum an. Der Traum galt als Übermittler göttlicher Ratschläge, es wurden sogar Opfer dargebracht um träumen zu können. Mensch mußte erst etwas geben, um dann die Gnade des Traumes erwiesen zu bekommen. Wir träumen in unserem Leben ca. 4 - 5 Jahre pausenlos, wenn wir die Träume aneinanderreihen. Es muß also einen Sinn haben, daß unser Unterbewußtsein im Jahr uns mit ca. 1800 Träumen bombardiert. Die Schöpfung muß es für notwendig erachtct haben, uns zu einem nächtlichen Wandler in einer anderen Welt zu machen. C. G. Jung nannte die Träume Briefe, die uns das Unterbewußtsein schickt. Der Traum will uns weiterentwickeln, uns helfen, das Leben besser zu meistern, er will uns praktische Lebenshilfe geben. Der Traum kommt aus dem Unterbewußtsein, arbeitet an dem, was wir tagsüber im Wachbewußtsein nicht ganz bewältigt haben. Vielleicht arbeitet er auch an Dingen, die Wochen, Monate, Jahre noch als offene Rechnungen von uns da sind. Er kann uns sogar Situationen aus früheren Leben wieder vor Augen führen. Wir halten diese intimen, nur für uns bestimmten Briefe nicht einmal für lesenswert. Sie sind mit großer aufbauender Selbstliebe und Hingabe gemalt und reich illustriert, trotzdem sind sie für uns noch nicht einmal öffnenswert. Wir werfen sie ungeöffnet weg, danke, kein Interesse. Sollten wir sie doch lesen, dann nennen wir den Inhalt Unsinn, weil wir ihn meist nicht verstehen, er ist ungereimt in unserer realen Welt. Wir wissen nicht, was der Traum uns in seiner Sprache mitteilen will. Wir verstehen die Symbole nicht oder deuten sie falsch. Deutungen aus der realen Welt führt zu Fehlversuchen. Der Traum kommt aus einer anderen Welt, muß deshalb auch anders behandelt werden, um ihn nützlich zu gebrauchen. Da er sofort nach dem Erwachen verfliegt, ist es notwendig, ihn sofort aufzuschreiben, um ihn in seiner Ganzheit einer Deutung zuzuführen. Haben wir den Traum dingfest gemacht, in seinen Einzelheiten aufgeschrieben, können wir auch mit dem ungedeuteten Teil ein paar Tage schwanger gehen, ihn sozusagen bebrüten. Oft bekommen wir in der Traumschwangerschaft Hilfe in der Deutung, in Gesprächen, Symbolen, Anschlußträumen. Die Deutung unserer Träume ist auf unsere Lebenssituation bezogen, eine Hilfe, die wir uns selbst zukommen lassen. Sie kann Warnung, Hinweis, Lösung, Krankheitsanzeige und Bestätigung sein, daß wir uns auf dem richtigen oder falschen Weg befinden. Wichtig ist, daß wir uns mit der Deutung, besonders mit den Symbolen beschäftigen, um uns unsere Träume selbst zu deuten und nur in Ausnahmen fremde Hilfe brauchen. Wer einmal zu seinen Träumen gefunden hat, schöpft aus einem unerschöpflichen Brunnen kostenlose Lebenshilfe.

21.
Gebet

Beten ist Sprechen mit Gott, und davon geht ein Segen aus. Aber wir sollten nicht wie ein Kleinkind beten, sondern mit Gott wie erwachsene Kinder sprechen. Unsere Bitten, um die handelt es sich meist, müssen genau formuliert sein und dürfen nicht wischiwaschi formuliert werden. Ferner gehört das Bedanken für die Erfüllung der Bitten zum Gebet, eine Danken, das keinen Zweifel daran läßt, daß die Bitten erfüllt werden. Sollten unsere Bitten einmal keine Erfüllung finden, so waren sie vielleicht ungenau formuliert, oder es wartet etwas Besseres, Größeres auf uns. Beten heißt auch, aus dem Herzen mit Andacht und kein Lippe-Geplapper. Auf die Länge kommt es nicht an, sondern auf die Innigkeit, das tiefe Gefühl, das wir hineinlegen. Beten ist nicht altmodisch oder überholt, es ist in allen Kulturen bis auf den heutigen Tag aktuell. Wenn uns die östliche Meditation besonders anrührt, so ist die im Grund genommen eine Gebetsform. Also brauche ich meine angestammte Religionsform nicht zu verlassen, denn da kenne ich mich aus. Ich muß die Gebetsform nur neu beleben, sie vom Kinderkram befreien und meine eigene Form finden. Es lohnt sich, es auszuprobieren, weil es einen anderen Bezug zu Gott herstellt, wenn wir unsere eigenen Gebete sprechen und nicht Gebetskonserven verwenden. Gott wird uns vertrauter, er rückt uns näher, wir bekommen einen direkten Kontakt, wir spüren ihn in uns. Dieses gibt uns Selbstbewußtsein, läßt uns spüren, daß er auch uns kennt, uns beschützt, lenkt, leitet. Beten in der richtigen Form verändert unser Leben.

22.
Vom Bitten und Danken

Wir bitten nicht mehr um etwas, wir verlangen, sind berechtigt, es steht uns zu. Unser Anspruch soll uns erfüllt werden, weil wir ein Anrecht darauf haben. Wir drücken nüchtern aus, was wir wollen und möchten, daß es erfüllt wird, wozu noch diese Floskeln wie "Bitte" und "Danke". Wenn wir dann aber über die rüden Umgangsformen in der Gesellschaft klagen, so ist dieses u. a. eine Folge davon, daß uns das Bitten und das Danken teilweise verlorengegangen ist. Diese beiden Worte drücken ein Bewußtseinszustand, ein Verständnis von Lebensqualität aus. Die Qualität unseres Verhaltens zu unseren Mitmenschen wird auch durch die Umgangsformen geprägt, wozu diese bedeutenden Worte gehören. Wir müssen uns nun fragen, wo kann eine Umkehr bewirkt werden? Es beginnt beim Kleinkind in der Familie, hier wird der Same, der Grundstein gelegt. In der Familie muß es dem Kleinkind gezeigt und vorgelebt werden. Es sollte hier erfahren, daß Bitte und Danke Sprachstandard im Umgang wird. Da Kindergarten, Schule, Arbeitsplatz keine Anstalten für gute Umgangslehren sind, wo Versäumtes nachgeholt werden kann, muß die Verankerung im Elternhaus abgeschlossen sein. Bitte und Danke sollten wir wieder mehr in den Vordergrund rücken, weil sie mehr sind, als zwei gewöhnliche Worte. Ihr Gebrauch und die Art ihres Gebrauches drückt unsere Lebensqualität aus.

23.
Rechtsbewußtsein

Einem Teil der Menschen von heute fehlt das Rechtsbewußtsein. Das bedeutet, sie wissen nicht mehr so genau, wann und wo sie eine Gesetzesübertretung begangen haben, sei es staatlich oder moralisch. Der Level der Moral hängt so tief, daß Folgenschweres, Großes nur noch als Übertretung angesehen wird. Der Gesetzgeber hat die Strafgesetze und deren Ahndung sehr tief angesiedelt, so daß dieses dem mangelnden Rechtsbewußtsein noch Vorschub leistet. Die Verharmlosung der begangenen Straftaten und deren Ahndungen, die dem Täter oft mehr Rechte zubilligen als dem Opfer, ermuntern zu weiteren Übertretungen. Wer dem anderen einen Apfel vom Baum nimmt, ohne ihn zu fragen, begeht faktisch einen Diebstahl. Wie diese Tat zu bewerten ist, darüber läßt sich nicht streiten, und es wird auch keiner streiten. Wichtig ist, daß dem Täter bewußt ist, hier eigne ich mir etwas zu Unrecht an, auch wenn es nur ein Apfel ist, es ist Diebstahl. Dieses Rechtsbewußtsein wird dem Kind meist nicht mehr beigebracht in der Familie, Schule, Beruf, Gesellschaft. Woher soll es wissen, was Recht und Unrecht ist. Die Grenze zwischen Recht und Unrecht hat sich für viele aufgeweicht, sie besteht nicht mehr bzw. hat nie richtig bestanden. Die Folge ist, daß Übertretungen, auch wenn sie größer sind, nur als kleines Übel betrachtet werden. Es regt mithin den Täter auch nicht an, über die begangenen Fehler nachzudenken. Jeder nimmt sich heraus, sein Vergehen selbst zu beurteilen. Was natürlich je nach Stand, Erziehung, Ethik, Politikum sehr unterschiedlich ausfällt. Da ist die Moral nicht Richter oder Staatsanwalt. Unser Zeitgeist wirft die gewachsenen Gesetze der Moral und Ethik über den Haufen und weicht die bestehenden Gesetze auf. Diesen Weg in den Verfall dürfen wir nicht mitgehen, auch wenn er sich sehr gut und leicht läuft. Er gefährdet das harmonische Zusammenleben unserer Gesellschaft und leistet, bildlich gesprochen, dem Faustrecht Vorschub. Einen Ansatz für Veränderungen sehe ich darin, unseren Kindern vorzuleben, was mit Rechtsbewußtsein gemeint ist, Ihnen die Bedeutung und Wertigkeit erklären und sie damit hineinwachsen zu lassen. Wir selbst sollten auch bereit sein, uns für ein besseres Rechtsbewußtsein in der Gesellschaft einzusetzen. Den Politikern eine Absage erteilen, die allzu leichtfertig mit dem Rechtsbewußtsein umgehen, besonders wenn sie die Gesetze auf den Weg bringen, die nicht mehr der gewachsenen Kultur und ihrem Verständnis entsprechen, sondern Zeitgeistströmungen nachhängen. Wir sollten unser Auge wieder dafür schärfen, verschleiertes, falsches Rechtsbewußtsein zu erkennen. Rechtsbewußtsein bedeutet auch, daß entstandener Schaden durch den Verursacher wieder gut zu machen ist. Zum Rechtsbewußtsein gehört ebenfalls, daß Politiker nicht Land, Besitz, Hab und Gut und das Recht auf angestammte Heimat der Bürger leichtfertig an andere Staaten verschenken dürfen.

24.

Vergangenheitsbewältigung

Durch unsere Vergangenheit, die Zeit Hitlers und des Nationalsozialismus sind wir kollektiv sehr belastet. Das Verbrechen an den Juden lastet wie eine Erbsünde auf uns. Ich glaube, daß viele Deutsche, besonders die der Nachkriegsgeneration, zu der ich auch gehöre, dieses hinterlassene Erbe aufarbeiten möchten. Es kann nicht angehen, immer im Büßergewand und mit Leidensmiene durch die Welt zu laufen und sich von jedem als Böser beschimpfen zu lassen. Zu dieser Aufarbeitung gehört, sich das geschichtliche Geschehen der nationalsozialistischen Zeit und der unmittelbaren Nachkriegszeit anzusehen und zu bearbeiten. Ansehen, aus der Sicht der Siegermächte und aus deutscher Sicht, frei, ohne Vorurteile. Mit Aufarbeitung meine ich die wahre Geschichte dieses Zeitabschnittes kennenzulernen, unverfälscht, nicht getürkt durch die Siegermächte. In mein Freiheitsverständnis passen einige bestehende Umstände nicht. Die Presse darf nicht frei schreiben, sie ist den Alliierten und deren Hintermännern gegenüber zu äußerster Toleranz verpflichtet worden. Die Geschichte, wie sie wirklich in der besagten Zeit abgelaufen ist, ist nicht zugänglich. Tausende unliebsamer Bücher sind nach dem Krieg ohne besonderen Grund verboten worden. Wir Deutsche dürfen nicht daran zweifeln, daß wir alleine den 2. Weltkrieg begonnen haben. Äußerungen werden bestraft. Keiner darf frei seine persönliche Meinung zum Holocaust äußern, ebenfalls strafbar. Wir unterliegen einer Meinungssteuerung und Denkeinengung, die nach über 50 Jahren nach Kriegsende aufgehoben werden müßte. Aber es gibt keine Anzeichen dafür. Warum? Selbst wenn man den Gedanken einer Weltverschwörung weit von sich weist, kommen einem doch Bedenken. Ist alles nur ein Zufall oder ist es System.

Aber mit welchem Ziel? Der Bolschewismus hat in Rußland 60 Millionen Opfer gekostet. Die Amerikaner haben die Ureinwohner ausgerottet. Tausende deutscher Kriegsgefangener sind in amerikanischen Lagern umgekommen, meist verhungert, obwohl Nahrung genug da war. Auch die anderen Siegermächte (besonders Rußland) haben genauso viele deutsche Kriegsgefangene auf dem Gewissen. Die Atombombe von Hiroshima hat viele, viele Opfer gekostet und auch die sinnlose Bombardierung Dresdens. Bedenkt man, daß der amerikanische Morgentauplan vorsah, alle deutschen Männer zu sterilisieren und nur die politisch veränderten Umstände haben uns davor bewahrt. Dieses bleibt alles unerwähnt, es ist bedeutungslos, weil die Verursacher ja die Siegermächte waren. Wer hat da das Recht, Moralapostel zu spielen? Es ist schon eine verlogene Boshaftigkeit, wenn Goldenhagen in seinem Buch ("Hitlers willige Vollstrecker"), von der Harward Universität abgesegnet, den Deutschen unterstellt, daß sie ein Killer-Gen hätten, das zu Verbrechen erst fähig mache. Dieses kann man jedem Volk dieser Erde unterstellen. Was er macht ist reiner Anti-Germanismus, von der unfeinsten Art. Eine andere Art der Verunglimpfung ist die Wehrmachtsausstellung mit ihren teilweise falschem Bildmaterial. Keiner tritt diesen Verunglimpfungen entgegen, fordert eine Richtigstellung. Was ist mit dem gesunden Volksempfinden, ist es tot, hat die Umerziehung schon Wirkung, oder sind wir nur noch ein Volk von Duckmäusern? Ich möchte gerne meine Vergangenheit aufarbeiten, aber gleichberechtigt mit den Siegermächten an einem Tisch sitzend und auf dem Tisch sollen die offenen Spielkarten der Geschichte liegen, aber ungezinkt. Mein Wunsch wäre es, daß wir uns danach die Hände reichen und ein neues Buch der Geschichte aufschlagen. Mit der Aufschrift: Friede, Freiheit, Gleichheit und echte Brüderlichkeit.

25.
Nationalität

Nationalität ist die Zugehörigkeit zu einer Nation, zu einem Staat. Leider wird den Deutschen jede Äußerung, die "nationales" enthält oder in deren unmittelbare Nähe kommt, falsch ausgelegt. Dieses ist auf unsere unselige Vergangenheit zurückzuführen, mit der wir uns Schuld aufgeladen haben, auch den anderen Völkern gegenüber. Hier spreche ich vom Nationalsozialismus, von der Ära "Adolf Hitler". Leider haben uns die Siegermächte und die Illuminanten so eingeengt in unserem Denken, daß sich fast der gute Gedanke an die deutsche Nation (die nicht mit dem Nationalsozialismus gleichgesetzt werden darf) ausgelöscht hat. Jeder Gedanke an eine deutsche Nation läßt Schuldgefühle aufkommen und nimmt uns Deutschen somit unseren Stolz und unser Ehrgefühl für das echte Zugehörigkeitsgefühl zu einer Nation, die Deutschland heißt. Wir haben immer Großes und Entscheidendes geleistet, vor und nach Hitler und haben uns auch nach dem Krieg als Demokraten bewährt. Wir können stolz auf unsere Leistungen sein, auf unsere in die Zukunft weisende Zusammenarbeit mit den Völkern dieser Erde. Unsere Mitarbeit im europäischen Staatenverbund, unser Eintreten für den Frieden und unsere großzügigen Hilfsmaßnahmen für andere Völker. Wir haben einen großen Versöhnungswillen den Völkern gegenüber, die Unrecht durch uns erlitten haben, und wir leisten auch großzügige materielle Wiedergutmachung, soweit dieses heute überhaupt noch möglich ist. Nun sollten die anderen Völker uns auch ihre Hand entgegenstrecken, uns nicht bei jeder Gelegenheit zum Sündenbock machen und uns dauernd unsere Nazi-Vergangenheit vorhalten. Alle Völker mögen sich einmal ihre Vergangenheit anschauen, ob sie nicht auch Verfehlungen begangen haben. Jede Nation sitzt im Laufe ihrer Geschichte mal im Glashaus und da wäre Versöhnung mit anderen Völkern eine große Notwendigkeit. Wir haben das Recht und die Pflicht gegen uns selbst, wieder stolz auf unser Vaterland Deutschland, unsere Heimat, unsere Nation zu sein. Wenn wir gleichberechtigt mit den Völkern dieser Erde zusammenleben wollen, brauchen wir Selbstbewußtsein unserem Vaterland gegenüber. Damit meine ich nicht Überheblichkeit. Es kann nicht zu einem dauerhaften Frieden führen, wenn wir in der Welt nur als Büßer behandelt werden, denen jedes Selbstwertgefühl fehlt. Es gehört dazu, daß die Politiker wieder Recht für die Deutschen einfordern, u. a. einen Friedensvertrag. Gegen Verunglimpfungen aus den eigenen Reihen und gegen Außen vorgehen. Ferner sich mit dem deutschen Volk identifizieren und dessen Rechte auch mutig und uneingeschränkt vertreten. Jeder Einzelne von uns sollte den Politikern diese Aufgaben vortragen und ihn an dessen Erfüllung messen. Wenn mir so sehr an einer fortbestehenden, stabilen deutschen Nation liegt, so ist das kein Rückfall in die Vergangenheit und enthält auch kein rechtes Gedankengut. Mir geht es darum, daß wir der Gefahr entgehen, eines Tages kein deutsches Volk mehr zu sein. Schreitet die Entwicklung so fort, so werden wir entwurzelt, wir haben keinen Bezugspunkt mehr, der uns Stabilität gibt. Dieser Bezug besteht im Zusammengehörigkeitsgefühl, zu dem Kulturgut, besonders der in Jahrhunderten gewachsenen Geschichte. Das Erbe unserer Ahnen ist uns zum Erhalt anvertraut. Umsonst heißt es nicht, was du ererbt von deinen Vätern, erwirb es um es zu besitzen. Geht uns die Stabilität der Nation verloren, sind wir von außen angreifbar und leicht zu zerstören. Würde bedeuten, eines Tages gibt es kein deutsches Volk mehr. Zu vergleichen ist dieser Prozeß mit dem medizinischen Zerstörungsprozeß eines Körpers durch Viren. Eine intakte Umwelt unseren Kindern zu hinterlassen ist uns ein großes Anliegen geworden. Für genauso wichtig halte ich es, ihnen eine Nation Deutschland, bzw. ein Volk Deutschland zu erhalten, damit sie wissen, wo ihre Wurzeln sind. Besonders auch im Hinblick auf Europa und die weltweite Globalisierung, um sich dann auch noch im Völkergemisch definieren zu können und einen Bezugspunkt zur Stabilität zu haben. Wir haben die Fähigkeit, mit den Völkern dieser Erde weiterhin als gute Demokraten zusammenzuleben und unsere Kraft und Energie auch zum Wohle der Menschheit einzusetzen. Wir werden uns um eine bessere Welt in Frieden und Freiheit bemühen. Als Deutsche, als deutsches Volk und deutsche Nation.

26.
Staat

Wir müssen dem Staat gegenüber einen anderen Bezug bekommen. Die Politik bestimmt über die Köpfe der Bürger hinweg, was sie gerade für richtig hält. Dabei wird auf die Interessen des Volkes zu wenig Rücksicht genommen. Die politischen Parteien und auch die jeweiligen Regierungen haben so viel Macht bekommen, daß sie sich oft leichtfertig über die berechtigten Bedenken und Anliegen der Bürger hinwegsetzen. Das Volk wird nur als Wahlvieh betrachtet, das nach der Wahl keine Rolle mehr spielt, dann ist man wieder unter sich, weit vom Volksempfinden ab. Es werden Gesetze verabschiedet, die jede Kleinigkeit regeln und den Menschen nicht mehr das Gefühl verleihen, frei zu sein. Der Einzelne fühlt sich belogen, betrogen, verraten und verkauft von den Dienern des Staates, die einmal einen Eid zum Wohle des Volkes geschworen haben. Diese wissen nicht mehr, daß die Formel u. a. geheißen hat: Ich schwöre, daß ich meine Kraft dem Wohle des deutschen Volkes widmen, seinen Nutzen mehren, Schaden von ihm wenden... usw. Sieht man den leichtsinnigen Umgang mit Staatsgeldern in Form von Verschwendung, Beiträgen zu Organisationen, die uns keinen Nutzen bringen, Überzahlungen an die EG, Griff in die Solidarkassen des Volkes und Überleistungen an Wirtschaftsflüchtlinge, dann muß man sich fragen, war es ein ehrlicher Schwur? War der Schwur der Politiker ein Meineid, dann müßten sie vor ein Gericht oder haben sie auch anderen Organisationen einen Eid geleistet, der über den deutschen Amtseid geht und sie entscheiden in diesem Sinn. Zu den erlassenen Gesetzen gehört auch, daß sie entsprechend angewandt werden, in aller Konsequenz und ohne Rücksichtnahme. Für den Bürger muß es sich wieder lohnen, ehrsam, ehrlich, moralisch und edel zu sein und dafür nicht verhöhnt oder gar bestraft zu werden. Diese Tugenden sollten wieder erstrebenswert sein, und es muß dafür auch wieder Vorbilder geben, denen es sich lohnt, nachzustreben. Ich meine Vorbilder, die eine Rückbindung zur Erde, zur Religio haben und nicht eine Moral, die von Vereinigungen, Männerbünden und sonstigen unseriösen Vereinigungen bestimmt wird. Der Staat muß die Rahmenbedingungen für eine veränderte Moral schaffen, beginnend bei seinen Staatsdienern. Rechte von uns, die sie nicht richtig vertreten, müssen wir von ihnen zurückverlangen, wo sie Ausuferungen geschehen lassen, müssen wir ihre Rechte beschneiden. Vertreten sie unsere Rechte nicht richtig, auch dem Ausland gegenüber, müssen wir sie kurzfristig abberufen und durch neue, bessere Volksvertreter ersetzen können. Wir dürfen nicht alles den übermächtigen Parteiapparaten überlassen, die verfilzt sind. Jeder einzelne von uns sollte wieder eine starke Persönlichkeit werden, der um seine Rechte weiß und sie vertreten kann. Wir sollten voller Stolz und Achtung vor uns selbst und den anderen über diese Erde schreiten, voll Vertrauen in die Welt und den Kosmos. Man hat uns das Selbstbewußtsein aufgrund unserer Vergangenheit genommen, aber was ist ein Mensch, ein Staat, im Büßergewand wert, vor sich selbst und den anderen? Seine Leistung ist vom Wohlwollen der anderen abhängig, sie setzen den Wert fest, dieses raubt dann die Selbstachtung und Wertschätzung. Die dauernde Rücksichtnahme auf Völker und Volksgruppen und deren angeblichen berechtigten Verhaltensanspruch an uns, macht uns zu Meinungssklaven. Wir lassen uns fast alles gefallen, nur um nicht anzuecken, in Ruhe gelassen zu werden. Die Politik trägt zum Großteil die Schuld, daß wir zu dem geworden sind, weil ihr das klare Denken und Handeln zum Nutzen des Volkes fehlt. Es muß ein Ende sein mit dem falschen Machtstreben, dem Intrigenspiel, der Parteihörigkeit und der Hörigkeit ausländischer Interessengruppen gegenüber. Die Politik muß wieder etwas leisten, was dem Staat dient und vom Volk anerkannt wird, weil es ihm dient und gut ist. Wenn die Staatsverdrossenheit und das Mißtrauen dem Staat gegenüber ein Ende hat und die Leute wieder sagen, mein Staat meine Politiker, hat sich etwas Entscheidendes geändert.

27.
Recht und Ordnung

Wenn in Talk-Sendungen im Fernsehen oder in öffentlichen Gesprächen die Rede von Recht und Ordnung ist, wird der Vertreter dieser Positionen immer als Mann oder Frau von gestern gehandelt und abqualifiziert. Recht und Ordnung sind nachdem nicht mehr so aktuell und verkommen zu Negativbegriffen. Jeder Staat / Land hat sich auf seine Bedürfnisse zugeschnittene Gesetze geschaffen, um das Zusammenleben seiner Bürger reibungslos zu gestalten. Wenn diese Gesetze von freien Politikern in einem Rechtsstaat gemacht wurden, so entsprechen sie geltendem Recht und die Bürger sind daran gebunden. Nun hat der Staat auch die Aufgabe, zu überwachen, daß sich auch jeder innerhalb des Gesetzes bewegt, es muß Recht und Ordnung gelten, für alle gleich. Hier erhebt sich die Frage, was will derjenige, der Recht und Ordnung in Frage stellt? Will er einen anderen Staat, Chaos, um das Gesetz zu mißbrauchen, für sich unerlaubte Vorteile auf Kosten der übrigen Bürger, für Anhänger einer politischen Richtung Vorteile verschaffen? Egal, was er will, es ist illegal. Besteht ein Gesetz, dann gehört es auch angewandt und nicht an den Rändern dermaßen aufgeweicht, daß es fast keine Gültigkeit mehr hat. Passiert dieses dann, ist es Betrug an den gesetzestreuen Bürgern. Dieser Bürger muß sich dann fragen: "Warte ich ab, bis sich alles zum Guten ändert oder nehme ich es auch nicht mehr so genau mit dem Gesetz?" Zu der rechten Betrachtungsweise gehört auch, sich bewußt zu machen, daß das eigene Recht da aufhört, wo das Recht des anderen anfängt. Ebenso gehört dazu, die Delikte beim richtigen Namen zu nennen und nicht mit falsch verstandener Humanität zuzukleben. Wer dem Nachbar einen Apfel nimmt, ohne vorher um Erlaubnis zu fragen, begeht einen Diebstahl. Es ist der Tatbestand der Beurteilung und nicht der Wert, der das Objekt ausmacht. Wer kein Rechtsbewußtsein im kleinen hat, wird es auch nicht in großen Dingen haben. Delikte, die eine gewisse Geldsumme nicht übersteigen, für nicht mehr ahnenswert zu halten ist der kleine Anfang der Anarchie, das langsam beginnende Zerrüttungs-Chaos. Wenn es dann nicht zu einer Wiedergutmachung kommt, und wenn die Straftäter mehr Zuwendung erfahren als die Opfer, was soll man dann noch von Recht und Ordnung halten? Was soll man davon halten, wenn Leute, weil sie frustriert sind, ungeliebt, gegen die Gesellschaft opponieren wollen, irgendwelche Straftaten begehen, um sich Ausdruck zu verleihen, die dann Riesenschäden ausmachen, fast ungeschoren davonkommen? Der Staat und die Gesellschaft nimmt sie liebevoll in die Arme und bestätigt ihnen die unschöne Jugend, die harte Gesellschaft und die böse Welt waren alleine schuld, sie tragen die Verantwortung dafür. Damit wird für den nächsten Tatwilligen kein Signal gesetzt, das ist eine Schraube ohne Ende. Recht und Ordnung hat seinen Sinn, es zu vertreten, sich dafür einzusetzen, ist rechtmäßig und empfehlenswert. Recht und Ordnung regelt den Umgang der Menschen miteinander, setzt Grenzen und trägt zur Konfliktvermeidung und Sittenverfallabwendung bei. Es gibt dem, der sich innerhalb von Recht und Ordnung bewegt Sicherheit und fördert die Achtung vor dem Eigentum und der Persönlichkeit des anderen. Wir sollten uns mit Stolz zu Recht und Ordnung bekennen und jedem Versuch, der diese Werte untergräbt eine Absage erteilen. Wir müssen auch die Politiker an ihre Erfüllungspflicht erinnern und Aufweichungs-Tendenzen entgegenwirken.

28.
Macht und Erpressung

Macht ist von jeher ein Grundproblem des Menschen, weil die Bewertung in einem Niemandsland liegt. Die Trennungslinie zwischen normal und der übersteigerten Art ist so dünn und ist von den Umständen und vom Bewerter abhängig. Der Mensch braucht Macht, um in der Welt zu bestehen, um sich durchzusetzen, zu überleben. Wenn das Streben nach Dominanz, nach Macht normal, dem Lebenskampf zuzuordnen ist, hat es seine Berechtigung. Gerät das Machtstreben allerdings außer Kontrolle, dann führt es zu Epressung und Unterdrückung. Macht wird meist sichtbar von starken Persönlichkeiten ausgeübt, jedoch auch der Schwache und Kranke wendet sie an, um seine Ziele zu erreichen. Da Machtausübung so ein zweischneidiges Schwert geworden ist, ist sie ein Tabu-Thema und negativ belegt. Deshalb tarnen die Menschen und Organisationen ihre Absichten, daß sie an der Macht interessiert sind, was im vernünftigen Maß ganz legal ist. Die Machtansprüche werden auf getarnten Umwegen durchgesetzt, dafür benutzt man zur Zeit zum Beispiel die Krankheit und die soziale Schwäche. Diese Ebenen sind vor Entlarvung relativ sicher, da man sich davor drückt, um nicht ins Abseits der allgemeinen Meinung zu geraten. Projektion der Schuld auf politische und wirtschaftlich negative Abläufe sowie Umwelt sind ein gutes, akzeptiertes und legales Erklärungsmodell. Viele Menschen und Organisationen benutzen diese Ebenen für ihre Machtstrategie und jeder Entlarvungsversuch wird mit Entrüstung zurückgewiesen, als ein Angriff auf die fundamentalen Menschenrechte. Unsere Welt ist mit Schwäche, Krankheit, Tod leicht erpreßbar. Durch Krankheit und Schwäche kann man fast alles erreichen, was unter normalen Umständen nicht möglich ist. Dazu gehören u. a. Geld, Hilfe, Zuwendung, Freizeit, Anteilnahme, Anerkennung und Kontrolle über die anderen usw. Der Kranke und Schwache übt seine Erpressung auf die anderen aus, ohne daß dies offen zu Tage tritt, erkennbar ist. Er fordert ja nur seinen vermeintlich berechtigten Anspruch ein, fühlt sich als Hilfsberechtigter, er ist vom Schicksal getroffen und unverschuldet in diese Lage gekommen. Die Gesellschaft ist nach seiner Meinung verpflichtet, ihm zu helfen. Dies tut sie auch bereitwillig aus den vorgenannten Gründen. Durch den großen Machtdruck, den die Gruppe der Kranken und Schwachen auf die Gesellschaft ausübt und die bereitwillige Erfüllung der Forderungen, geht den Forderern der Blick auf sich selbst verloren. Sie lenken sich von sich ab, von ihrer Situation, Krankheit, Schwäche, Armut und machen deshalb keinen Entwicklungsprozeß und erfahren keine Heilung. Die Gesellschaft, die dem Erpressungsdruck nachgibt, macht sich am Schicksal dieser Leute mitschuldig, weil sie ihnen den Entwicklungsprozeß verbaut. Sie haben keine Möglichkeit, sich ihrer wahren Situation bewußt zu werden und Befreiungsmaßnahmen zu unternehmen. Die Gesellschaft nimmt ihnen die Selbstverantwortung und macht sie somit reif, das ganze weitere Leben am Tropf zu hängen. Es geht darum, die Machtspiele zu erkennen, sei es im Freundes- und Familienkreis sowie bei Organisationen, ihnen nicht nachzugeben, um Entwicklung nicht zu verhindern. Ich meine nicht Hilfe zu versagen, wo sie gebraucht wird, im richtigen Maß. Mitgefühl zeigen, aber kein Mitleid, weil Mitleid mit-leiden heißt und das ist sinnlos und Energievergeudung und die fehlt dann der eigenen Person. Dem Notleidenden sollte sein Verhalten erklärt und der Weg zur Befreiung gezeigt werden. Hilfe zur Selbsthilfe sollte unser Bestreben sein. Wir sollten auch die Organisationen, die sich der Krankheit, dem Elend, den Schwachen annehmen kritisch durchleuchten. Unser Augenmerk sollte den wahren Gründen ihrer lobenswerten Aktivitäten und den Organisatoren und deren Zugehörigkeit gelten. Dann können wir die wahren Ziele erkennen und sie nach ihrem Wert beurteilen. Ist das, was da gemacht wird für die Menschen gut, hilft es ihnen oder dient es nur der Bereicherung, dann ist es sinnlose Vergeudung von Energie, abgezocktem Geld und Hilfsbereitschaft?

29.

<u>Fernsehen</u>

Fernsehen ist im Laufe der Zeit zum beliebtesten Zeitvertreib geworden. Fernsehen heißt, informiert sein, am Weltgeschehen teil-
nehmen, an Kultur, Unterhaltung und Sport angeschlossen zu sein.
Unterhalten werden, das ist Fernsehen, nicht mehr einsam, alleine
sein. Die große Welt kommt zu Besuch in die gute Stube. Die
wenigsten Leute bedenken, daß das Fernsehen der größte und beste Manipulator ist, der je existiert hat, ohne Aufsehen, unbe-
merkt, raffiniert getarnt und ganz legal. Vor dem Fernseher sitzt
eine gutgläubige Menschenmasse, aufnahmefreudig für die gesen-
deten Informationen, unkritisch, nichts anzweifelnd, für sie alles
heilige Wahrheiten. Manipulieren, nein die machen so etwas nicht,
das können die nicht und dürfen es auch nicht. Dies ist ein oft ge-
hörter Satz. Und ob sie das können, man kann alles manipulieren,
bis hin zu den amtlichen Nachrichten, und es wird gemacht. Es
wird so hingedreht, daß es den interessierten Gruppen paßt. Der
Zweck heiligt die Mittel. Das Fernsehen mit seinen Leuten ist eine
hilfswillige Kolonne verschiedener Organisationen. Durch das
Fernsehen wird dem Zuschauer das Denken abgenommen, alles
wird ihm mund- bzw. denkgerecht serviert, er muß es nur noch
verkonsumieren. Er tut es gerne, es ist ja so bequem. Die offiziel-
len Botschaften heißen: "Überlebe, mache Karriere, sei pünktlich,
sei still, gehe arbeiten, konsumiere und sei staatstreu und bezahle
Steuern. Denk nicht so viel, wir machen das schon für dich." Dieses sind Botschaften, die das passive Leben und die geistige Träg-
heit unterstützen. Viel schlimmer noch sind die unterschwelligen
Beeinflussungen, mit denen die Sendungen unterlegt werden können. Sie sind nicht zu erkennen und haben sehr große Wirkungen.
Das Fernsehen hat nicht die Objektivität in der Berichterstattung,

sondern hängt politischen Strömungen nach, besonders in linker Richtung. Dem Konsumenten wird zur Zeit der linke Zeitgeist verkauft, in Bild und Ton. Die Aufgabe des Fernsehens, in Neutralität zu berichten, bleibt auf der Strecke. Das Fernsehen sendet sehr viele Krimis, Aktionfilme mit Nervenkitzel, Berichte aus Krisenregionen von Kampfhandlungen, negative Reportagen von Not und Chaos-Situationen. Dieses fördert Angst und Streß, die Emotionen werden angeheizt. Streßhormone werden ausgeschüttet, die in diesen Fällen unseren physischen Körper und besonders den Emotionalkörper schädigen. Das Fernsehen macht den täglichen treuschauenden Fernsehkonsumenten, von Übergewicht und geistigen Schäden abgesehen, zu einem sicheren, berechenbaren, harmlosen, trägen, nichtsdenkenden Herdenvieh. Durchbrechen wir den Dauerkonsum des Fernsehens einmal für 1 - 2 Tage, können wir den Grad unserer Abhängigkeit prüfen. Außerdem ergeben sich für diese Zeit wunderbare Ersatzmöglichkeiten. Muse für ein Buch, ein Gespräch, ein Besuch, längeren, ruhigen Schlaf usw. Schalten wir nach 2 Tagen wieder ein, merken wir, daß wir fast nichts versäumt haben. Die Meldungen sind fast noch der gleichen Art, mit leichten Textveränderung. Horrormeldungen gibt es auch noch genug, also nichts versäumt. Aber vielleicht sind wir etwas ruhiger, gelassener geworden, weniger nervös. Vielleicht erkennen wir auch, daß sich die Welt weiterbewegt, ohne daß wir zuschauen, uns an den gezeigten Situationen aufheizen, unsere Gefühle unnötig in Wallung kommen. Fernsehen ist im Grunde neutral, wir machen es erst durch unseren Bezug zu dem was es ist.

30.
Blinder Glaube

Wir glauben dem Politiker, Wissenschaftler, Nachrichtensprecher, Bauer, den Fernseh- und Pressenachrichten und vielen mehr. Wir glauben alles, übernehmen Meinungen, blind, ohne sie zu prüfen. Ein Titel, ein Name, der etwas wert ist, eine geachtete, geehrte Person, große bedeutende Gesellschaften, Bekanntheiten und Berühmtheiten sind uns Garantie genug, das für wahr zu halten, was sie berichten. Wir haben es verlernt, zu hinterfragen, etwas querzuprüfen, es anzuzweifeln. Zu bequem sind wir, haben Angst, die Prüfung könnte uns zur Meinungsänderung veranlassen. Müssen wir Meinungen neu formulieren, bringt es Unruhe und kostet Zeit. Außerdem weiß man nicht, ob man dann nicht ganz alleine mit der Meinung dasteht, weitab vielleicht von der allgemeinen Volksmeinung. Was uns an Meinungen serviert wird, stammt doch von Experten, die Quellen sind durch Gutachten gesichert, alles hoch solide, und warum sollten uns diese Leute in die Irre führen? Uns ist verlorengegangen, in uns abzuwiegen, den Wert zu schätzen, zu spüren "wo" fühle ich mich gut damit oder ist das flaue Gefühl im Bauch da? Die Übernahme des ungeprüften Wortes und die eventuelle Ausrichtung danach ist ein Leben aus zweiter Hand, und das ist kein Leben. So ein Leben läßt uns zu heiligem Vieh werden, wie es die Ägypter nannten. Es kann nicht Sinn des Lebens sein, wie ein Kuh an einem Strick zum Fressen, Saufen, Melken und dann zum Metzger geführt zu werden. Die Kuh läuft mit, sie sagt nichts außer "muh". So ist es auch mit uns, wir laufen nach, sagen nichts außer "muh", oder wenn wir Schafe sind "mäh". Wenn wir nicht jede Information ungeprüft übernehmen, nicht alles blind abkaufen, wird man uns auch nicht mehr alles verkaufen. Somit müßte die Informationsqualität besser werden.

31.
Tiere

Wir haben im allgemeinen ein wunderbares Verhältnis zu Tieren, besonders zu unseren Haustieren. Viel Geld geben wir aus, damit sie ja gesund ernährt werden, daß es ihnen gut geht und sie lange leben. Kein Geld ist den Regierungen und den Interessierten zuviel, um Reservate, Nationalparks zu schaffen. Wenn von einer Tierart die Stückzahlen zurückgehen, wird sie auf die rote Liste gesetzt für bedrohte Tiere. Tiere der Vorzeit will man wieder auferstehen lassen und hängt ihnen pausenlos nach. Die Tierheime sind andererseits überfüllt und verschlingen viel Geld, auch hier sind die Spenden beachtlich. Davon abgesehen, daß die Spendeneinnahmen für Nationalparks eine gute Einnahmequelle für bestimmte Kreise sind, dienen sie noch einem anderen Zweck. Es ist möglich, diese Parks innerhalb weniger Tage für strategische Zwecke umzufunktionieren, sie zu mißbrauchen, was mit den Tieren dann geschieht, interessiert nicht. Andere Gründe müssen unsere Verhaltensweise zu den Tieren bestimmen. Schauen wir uns das Tier an, so ist es natürlich, es lebt nach seiner Natur, nach seinem Trieb: Fressen, Saufen, Sexualität, es will sich selbst und seine Art erhalten, sich fortpflanzen. Das Tier kann sich im Vergleich zum Menschen nicht erkennen, es weiß nicht, wer es ist und was es tut. Seine Handlungen sind also keine bewußten Handlungen. Warum sollte es sein Verhalten ändern, seine Triebe verfeinern, sich entwickeln, um ein besseres Tier zu werden, gibt es keinen Grund. Wir Menschen haben auch diese Triebe in uns, Essen, Trinken, Sex, Fortpflanzung, das ist auch in Ordnung. Das Leben fordert von uns, daß wir essen, trinken, uns fortpflanzen, daß wir unser Leben in der realen Welt bestehen, es meistern. Der Unterschied zum Tier besteht darin, daß wir uns erkennen, daß wir denken können und somit unsere Handlungen bewußte Handlungen sind. Damit ist uns die Möglichkeit gegeben, unsere Triebe zu verfeinern, sie eventuell einem höheren Ziel unterzuordnen. Völlig falsch wäre es, diese angeborenen Triebe tierisch zu nennen und abzulegen, bzw. sie zu leugnen. Sie sollten uns als Reittier dienen, um unsere Lebensziele, wie immer diese aussehen mögen, zu erreichen. An unseren Trieben, an ihrer Kultivierung, Verfeinerung, können wir unsere Entwicklung üben und unseren Entwicklungsstand erkennen. Die Veredelung unserer Triebe ist die Basis einer geistigen Entwicklung. Sie sind der Becher, in der der kostbare geistige Wein gegossen wird, schade, wenn dieser Becher eine rostige Büchse ist. Aber die meisten Menschen fühlen sich zu den Tieren hingezogen, mit ihnen verbunden, weil die Tiere das Triebleben verkörpern und ihr Unterbewußtsein dazu eine Resonanz hat. Es gibt noch andere Verbindungen. Die meisten Menschen wollen sich nicht erkennen, denn das würde eventuell eine Konsequenz bedeuten, eine Verhaltensänderung an der man nicht interessiert ist. Laßt uns leben, unsere Triebe machen uns glücklich, schaffen uns Freude, machen uns high und für was etwas ändern? Wen kann es da wundern, wenn das Leben in der Gesellschaft, in der Welt, tierisch abläuft. Das positive Verhalten zu den Tieren ist lobenswert, weil es die mit uns lebende Kreatur achtet. Was wir allerdings mit manchen Tieren machen, besonders mit unseren Haustieren, ist nicht mehr normal. Wir behandeln sie so, als wenn sie Menschen wären. Sie müssen sich unsere übertriebenen Liebesbezeugungen gefallen lassen, die sie teilweise stellvertretend für Menschen entgegennehmen müssen. Sie dürfen nicht mehr Tier sein, die Verbindung zur Erde ist ihnen verloren gegangen, der natürliche Austausch Erde / Tier fehlt ihnen. Ein Teil der guten Gefühle und Streicheleinheiten könnten auch Menschen glücklich machen.

32.
Weltverbesserer

Die Welt ist voller Weltverbesserer. Politiker, Kirchen, Staatssysteme, Sozialorganisationen usw. versprechen uns, eine bessere Welt zu schaffen. Wir müßten nur an sie glauben, ihnen folgen, tun was sie uns empfehlen. Die Geschichte hat uns jedoch gelehrt, daß alle diese Rattenfänger ihre Versprechen nicht einhalten konnten. Ein Grundsatzfehler hat sie zum Scheitern verurteilt. Wer nämlich eine bessere Welt schaffen will, der verurteilt die gegenwärtige Welt. Wer aber die gegenwärtige Welt stark genug verurteilt, der kreiert Konflikte, die zu Auseinandersetzungen und Kriegen führen können. Immer geht es den Verkündern um die Idee, eine bessere Welt zu schaffen, etwas fundamental zu verändern, zum Wohl der Menschheit. Auch wenn es mit dem Gebot der Liebe erfolgt, wie beim Christentum, funktioniert es nicht. 2.000 Jahre haben keine bessere Welt geschaffen, auch wenn die Absichten gut waren. Wer eine bessere Welt schaffen will, der verurteilt die bisherige Welt, er liebt sie nicht. Würde er sie lieben, würde er sie nicht verbessern wollen, denn was man liebt, will man nicht ändern. Hinter der Verbesserung verbirgt sich also letztlich ein Mangel an Liebe zu dem was ist. Mit dem, was wir nicht lieben (der Welt) gehen wir anders um, als wenn wir sie lieben würden. Der Zustand der Umwelt ist ein hautnahes Beispiel. Will jemand die Welt verbessern, liebt er wahrscheinlich vieles nicht. Die Welt muß also nicht geändert werden, auf den Einzelnen zugeschnitten, sondern dieser muß sich derart ändern, daß er zu der Welt paßt. Die Welt ist in Ordnung, der Mensch ist nicht in Ordnung. Der Mensch ist in diese Welt, auch in ihren momentanen Zustand hineingeboren, damit er seinen Entwicklungsprozeß machen kann. Er soll an den Umständen lernen, sich der Aufgabe stellen und nicht flüchten, sich bessere Umstände suchen. Er muß sich selbst ändern, verbessern, dann schafft er in sich eine bessere Welt nach innen und außen. Die Welt zu verbessern hat noch nie Erfolg gebracht, die Versuche haben nur zu größerem Leid und mehr Toten geführt. Den vorhandenen Konflikten sollten keine neuen hinzugefügt werden. Die Welt ist vollkommen, so wie sie ist. Es gibt daran nichts zu verbessern.

33.
Freundliches Gesicht

Schaut man sich die Menschen im Alltag, wo immer man ihnen dort begegnet, an, dann kann man eine Starrheit, Verbissenheit, Hartheit, Unnahbarkeit auf ihren Gesichtern feststellen. Es trifft einen wie ein Blitz, wenn uns einmal eine Person gegenübertritt, die entkrampft, locker, unverbissen aussieht, vielleicht sogar lächelt. Eine Wohltat für unsere Augen, wir haben Leben gesehen, nicht Schwere, nicht Sorgen und Last. Das reißt uns aus unserem Alltagstrott. Uns drängt sich dann die Frage auf, bist du wie die Masse oder wie diese Person. Es lohnt sich, unser tägliches Gesicht einmal bewußt vor dem Spiegel anzuschauen, um zu sehen, was wir den anderen Leuten zumuten. Sehen wir so aus wie die Masse der Leute, verkrampft, verbissen, voll Trauer, dann wird es Zeit, eine Änderung vorzunehmen. Wo beginnt die Änderung? Wo müssen wir ansetzen? Was müssen wir tun? Wenn das Gesicht der Spiegel der Seele ist, dann müssen wir unser geistig, seelisches Programm, unsere Gefühlshaltung in uns verändern. Vergleichen wir unsere Persönlichkeit, das was wir sind, mit einem Prozessor, einem PC, unser Gesicht mit einem Bildschirm, würde es bedeuten, wir müßten unser Programm im PC ändern, damit auf dem Bildschirm (unserem Gesicht) ein neues Bild erscheint. Aber wie soll es gehen? Die Arbeit soll mir als Beispiel dienen. Die Arbeit ist etwas, was den Menschen ein ganzes Leben lang begleitet, sie muß getan werden, weil sie zu unserem Lebensweg gehört. Es gibt mehrere Möglichkeiten, die Arbeit zu verrichten. Man kann sie mit Freude, Sinngebung, Notwendigkeitsgefühl, Frust, Haß, Abneigung tun. Wenn die Arbeit getan ist und von den negativen Gefühlen nicht beeinträchtigt war, ist sie erledigt und man sieht ihr die Art der Verrichtung nicht an. Bei dem Menschen, der arbeitet geht es darum, was hat er dabei für sich gewonnen oder verloren und wie fühlte er sich. Tut er die Arbeit freudig oder mit Gelassenheit, müßte sich ein Erfolgsgefühl, ein Wohlgefühl einstellen. Seine Anstrengungen und sein Kräfteverbrauch dürfte weniger sein als bei einem Menschen, der die Arbeit als große Belastung empfindet. Der eine dürfte gute Laune und der andere miese Laune haben. Beide Meldungen gehen auf den Bildschirm und so sehen auch die Bilder dann aus. Jeder hat noch viele Möglichkeiten, sein Gesicht zu beeinflussen, besonders über eine allgemeine positive Einstellung, im Denken und Reden, dem Leben, der Welt und den Menschen gegenüber. Egal was der PC meldet, der Bildschirm zeigt es, ob wir wollen oder nicht. Zusammenfassend wäre zu sagen, eine rechte Lebenseinstellung müßte zur Entkrampfung beitragen, damit wir unserem Gegenüber wieder ein angenehmes Bild bieten können. Es sollte den anderen Freude machen, unseren Bildschirm, unser Gesicht, anzusehen, vielleicht veranlaßt es sie auch, einmal über ihr Gesicht nachzudenken, etwas zu ändern.

34.
Hurrikan

Wir haben zur Zeit das Gefühl, uns in einem Hurrikan zu befinden, der alles zerstört, niederwalzt und nur noch Trümmer übrigläßt. Alles was wir anschauen, wirkt bedrohlich. Es gibt keine Werte mehr, keine Moral, keine gültigen zusagen, nichts ist mehr Gesetz. Vielleicht sehen wir es nicht nur so, sondern es ist auch so. Was kann man tun? In Panik verfallen, den Glauben an alles, an das Gute verlieren, alles aufgeben, was einmal wichtig war und Bedeutung hatte. Mitmachen, auch so werden wie die anderen, sagen, es hat keinen Zweck mehr, es geht doch alles vor die Hunde. Nein und nochmals nein, warum aufgeben wegen eines Hurrikans? Wegen einer Gefahr, die bedrohlich ist, der wir jedoch mehr Kraft und Zerstörungsvermögen zubilligen, als sie hat. Bei Gefahr gilt immer, ich muß das Bedrohliche studieren, damit ich meine Möglichkeiten erkennen kann. Damit wird die Angst genommen, oder verringert und ich bleibe handlungsfähig. Schaut man einen Hurrikan im Computer an, so sieht man, daß in der Mitte des Wirbels (dem Auge) absolute Stille ist. Ruhe, keine Verwüstung passiert in einem Meer von unbändigen Kräften. Ruhe also, dicht bei der Zerstörungswut, dicht bei der Katastrophe. Es ist schwer zu begreifen, aber es ist so. Übertragen wir dieses auf unser Leben, bedeutet es, von äußeren unerträglichen Umständen, Chaos und Weltuntergangsstimmung nicht beirren lassen. Uns in unser Inneres zurückziehen und Kräfte auftanken. Haben wir dort Kraft, Selbstvertrauen, Ruhe und Gottvertrauen geschöpft, sind wir in der Lage, das Spiel der Kräfte im Außen zu durchschauen und notwendige Konsequenzen für uns daraus zu ziehen. Die Stabilität, alles zu überstehen, kann jeder nur in seinem Innern, in seinem Selbst finden. In uns selbst, in unserer Mitte, finden wir auch die

Rückbindung an Gott. Die Schau von innen heraus in die Welt des Chaos läßt auch das Erkennen zu: "Wir sind nicht nur für diese Welt geschaffen, wo alles vergänglich ist und nichts Bestand hat." Wir spüren aber auch, daß wir den Lernplaneten Erde und das Chaos im äußeren brauchen, um uns zu entwickeln, um Bewährungsproben zu bestehen. Dieses gibt uns den Mut von innen heraus (aus dem Auge des Hurrikans) in das Geschehen um uns herum, das Chaos, nach unseren Möglichkeiten einzugreifen. Wir können so erfolgreich handeln, ohne Verletzungen zu erleiden, sei es körperlich oder seelisch. Wer werden so zum lernenden, starken Erdenbürger, der tatkräftig, mutig zupackt und Veränderungen bewirkt, der aber nicht seine Ziel vergißt, sich zu entwickeln und einen Weg zum Himmel zu beschreiten. Frei, ohne Gier nach himmlischem Lohn und ohne Angst vor höllischen Strafen. Wir sollten jemand werden, der weiß, daß die Welt voller Gefahren ist, welche aber den Mutigen zum Sieger und Helden machen.

35.
Sorgen

Die Sorgen erdrücken viele Menschen. Die Sorgen hindern viele Menschen, glücklich zu sein. Die Sorgen nehmen ihnen den Lebensmut, den Glauben an die Zukunft. Wenn man dann nach den Sorgen fragt, was sind es denn für Sorgen, dann führt der Einzelne die Politik, den Staat, die Familie, das Alter, die Kinder, Krankheit usw. auf. Der Mensch fühlt sich für alles verantwortlich, verantwortlich aber nur in sofern, daß er sich um alles Sorgen macht, es soll in seinem Sinn in Ordnung gehen. Er kümmert sich praktisch um alles, auch um das, was ihn nichts angeht oder von selbst seinen richtigen Weg nimmt. Sorgt er sich um seine Kinder und er nennt das Alter der Kinder, ist es oft jenseits von 30 Jahren, ein Alter, in dem er sie schon längst hätte entlassen müssen. Geht es um all die anderen Sorgen, so hat er Vorstellungsbilder, wie etwas geschehen sollte oder ablaufen müßte in seinem Sinn. Mithin sind die Sorgen reiner Zweckegoismus. Außerdem findet das Leben der Sorgenden entweder in der Vergangenheit statt oder es wird auf die Zukunft projiziert und dort bewegen sie sich mit ihren Sorgen. In der Gegenwart, im Jetzt, wo das Leben stattfinden müßte, sind sie meistens nicht. Die Sorgen sind so wunderbar lähmend, sie halten ab von der Aktivität in der Gegenwart, im Alltag. Aktiv werden geht nicht, es ist alles so schwer, so erdrükkend. Es zeugt auch in den Augen der anderen von großer Anteilnahme, wenn man sich um so vieles sorgt, und es bringt Anerkennung. Fälle, wo Sorgen berechtigt sind, gibt es auch genügend, die ziehen dann aber ein gezieltes Handeln nach sich, was in den anderen Fällen der Sorgen nicht zur Debatte steht. Der Sorgende muß sich fragen lassen, willst du dich über das Sorgenmachen nicht nur ablenken? Wo müßtest du dir Sorgen über dich machen, und diese sind bei denjenigen fast immer angebracht. Ich sage nicht, auf der Welt, im Leben, gibt es keine Sorgen, das wäre naiv. Es gibt berechtigte Sorgen, die gilt es anzuschauen, sie auf ihren Inhalt durchleuchten und sie handelnd anzugehen. Wenn wir unsere Sorgen entsorgen, haben wir ein sorgenfreies Leben. Vergeudete Gedankenkraft wird freigesetzt und kann besser verwendet werden. Murphy hat mit seinem Buch "Sorge dich nicht, lebe" recht. Wenn wir uns dem Leben zuwenden, aktiv werden, präsent sind, bleibt für Sorgen kaum Platz. Außerdem sind die meisten Sorgen unberechtigt, sie sind unnötig, hausgemacht.

36.
Partner als Spiegel

Wir sind nicht in der Lage, uns selbst in die Augen zu sehen, darum brauchen wir einen Spiegel, um uns zu erkennen. Der Spiegel reflektiert unser eigenes Bild, dadurch können wir uns erkennen. Unser Ehe- oder Lebenspartner ist im realen Leben unser Spiegel, er zeigt und das, was wir selbst nicht sehen können. Unser Partner zeigt uns als Spiegel wie wir sind und welche Eigenschaften wir haben, ohne daß wir sie selbst vielleicht kennen. Wie oft wird der Partner für seine schlechten Eigenschaften gescholten und wie böse sind wir oft auf ihn. Sobald wir aber das Spiegel-System kennen und uns die Mühe machen, die kritisierten Eigenschaften anzusehen, dürfte uns manches erstaunen. Es sind unsere Eigenschaften, die wir an uns nicht gesehen haben. Vielleicht treten sie beim Partner in anderer Form auf oder auf einer anderen Ebene, in einer anderen Sache. Wenn wir das erkannt haben, müßten wir ihm ehrliche Dankbarkeit zollen, weil er Spiegel war und uns zur Erkenntnis gedient hat. Macht uns solch eine Erkenntnis nicht nachsichtiger, gütiger gegen unseren vermeintlichen Gegner, den wir Partner nennen? Was haben wir alles versucht, ihn zu ändern, ihm zu zeigen, wo er falsch liegt. Nur eine Kleinigkeit ist es, was er zu tun braucht, um ein uns gefälliger Partner zu werden. Wir hatten damit nichts zu tun, wir mußten nur darunter leiden. Sobald wir uns ändern, eine Untugend aufgeben, die wir im Partner sehen, die eigentlich aber unsere eigene ist, ändert sich der Partner für uns. Wir haben an uns etwas erlöst und der Partner muß es uns nicht mehr spiegeln. Es ist ein echter Entwicklungsweg, den wir damit gehen, weil es uns aus der Verwicklung befreit.

37.
Das Wort

Das gesprochene Wort wird Gesetz, es manifestiert sich, wird Wirklichkeit. Keiner rechnet ernsthaft damit, daß auch bewußte Gedanken zur Wirklichkeit werden. Er glaubt nicht, die Macht zu haben, Dinge in Erscheinung treten zu lassen. Das Wissen und der Glaube reichen auch nicht dazu, daß jemand durch seine Gedanken seine Wünsche in Erfüllung bringen kann. Die Kraft und Macht der Gedanken und Worte wird unterschätzt, besonders die bewußte Anwendung. Worte und Gedanken manifestieren sich, sie treten in Erscheinung im guten und auch im weniger guten Sinn. Deshalb darf es nicht verwundern, wenn etwas eintritt, was wir gedacht oder gesprochen haben. Da nützt es nichts, zu sagen, so hatte ich das nicht gemeint, das wollte ich nicht so. Wenn wir vom Gesetz sprechen, nachdem das Gesagte funktioniert, dann sind wir auch an unsere Versprechungen und Zusagen gebunden. Sie sollten uns heilig sein und nur in Ehrlichkeit gegeben werden. Lieber "nein" sagen, wenn die Zusage uns widerstrebt oder wenn sie unerfüllbar ist. Leichter als ein Versprechen zu brechen, ist zu sagen, tut mir leid, aber ich kann diese Zusage nicht machen. Wir sollten auch einmal bedenken, wieviel leichtfertige, unnötige Worte wir sprechen und wieviel negative Reden wir in die Umwelt abgeben. Dieses negative Gesprochene und Gedachte ist die wahre Umweltverschmutzung. Hier müssen wir anfangen, die Umwelt zu reinigen, mit der Verschmutzung unserer Atmosphäre, unserer Erde aufzuhören. Wir verschmutzen die Umwelt in geistiger Form, beladen sie mit Müll und sie spiegelt es uns real zurück. Selbst die dunklen Wolken sind eine Manifestation unserer negativen Gedanken und Worte. Jeder kann bei sich, auf seine Weise einen entscheidenden Beitrag leisten, wenn er Müllvermeider werden will. Es müßte Aufklebeschilder geben, bin Müllvermeider - rede positiv, Umweltschützer - rede weniger negativ. Hierfür eine Organisation zu gründen und an sie zu spenden würde Wunder wirken und Greenpeace überflüssig machen.

38.

Erneuerung

Da der Mensch von außen keine Erneuerung erfahren kann, die eine positive Weltveränderung bewirken würde, ist der Erneuerungsprozeß nur von innen her möglich. Der Mensch sollte eine Veränderung in sich bewirken, dann kann sich auch eine Veränderung nach außen vollziehen. Es heißt nicht umsonst: "Jeder Flügelschlag einer Biene verändert das Universum". In der Bibel wird das kleine Senfkorn mit seiner großen Wirkung genannt. Verändert sich der Mensch und sei es nur minimal, verändert er den Kosmos. Das bedeutet, seine Umgebung. Mitmenschen, Partner, Familie, Gemeinde, Staat, Welt erfahren eine Veränderung. In unmittelbarer Nähe, Partner, Familie wird das veränderte Verhalten meist sofort sichtbar. Es nützt also nichts, auf die immer schlechter werdende Umwelt und die Mitmenschen zu schimpfen. Jeder ist Mitverursacher bzw. mitverantwortlich, wenn keine Veränderung geschieht. Es gilt, den Gedanken zu wecken, daß jeder einzelne eine große Veränderung bewirken kann. Seine Veränderung ein Beitrag zu einer besseren Welt wird. Jeder sollte sich seiner großen Schöpferkraft und ihrer Wirkung bewußt sein. Die anderen müssen sich nicht ändern, jeder einzelne muß sich ändern, dann ändern die anderen sich auch und die Umstände. Zu bedenken ist auch, daß alle Tugenden, wie Liebe, Verständnis, Hilfsbereitschaft usw. auch im Einzelnen ihren Anfang nehmen. Die veränderte, bessere Welt beginnt nicht draußen, wie fast alle meinen und kommt dann zu dem Einzelnen und verändert ihn. Nein, es beginnt im Einzelnen und verändert dann das Außen, die Menschen, die Umwelt, den Kosmos.

39.

Liebe

Meistens wird das Wort Liebe im partnerschaftlichen Verhältnis, in Verbindung mit Sexualität oder im caritativen Bereich benutzt. Sätze für den Partner, wie "ich liebe dich wegen deiner schönen Augen, deiner tollen Figur, als Dank für deine Treue" kennt fast jeder. Wir sind bereit, Liebe zu geben, haben aber gleich eine Forderung dagegen. Nüchtern betrachtet sind es Geschäftsabkommen mit unterschiedlicher Bezahlung und diese ist oft unausgeglichen oder übervorteilt. Macht ein Partner das Spiel nicht mehr mit, weil er enttäuscht ist (von der Täuschung befreit), kommt es zum Streit und Bosheiten. Man stellt dann fest, es war gar keine richtige ehrliche Liebe und gibt sich gegenseitig die Schuld am Betrug. Dabei hat jeder seinen Anteil, weil der Liebesrausch im Feld der Abnormität, in der Verrücktheit liegt, die jeder Ratio entbehrt. Wenn aber ein Mann wie Jesus die Liebe als seine Lebensbotschaft betrachtet hat, dann kann diese nicht der Vorbeschreibung entsprochen haben. Jesus lehrte die Agape, die bedingungslose Liebe, die Liebe die nur gibt, nur liebt und keine Gegenforderung hat. Dies entspricht dem Sonnenprinzip. Die Sonne gibt ihre Strahlen, ihre Wärme an alle, ohne Ansehen der Person und der Umstände, ohne etwas dafür zu verlangen, ohne Bedingungen. Soll sich im gesellschaftlichen Bereich, in der Familie, der Partnerschaft eine Änderung zum positiven zeigen, müssen wir unsere Liebe ändern. Unsere Liebe darf kein Tauschhandel mehr sein, Liebe gegen Treue, Versorgung, Geld, Aufwertung der eigenen Person usw.. Die Welt wird sich verändern, wenn die Liebe zur Agape wird, also keine Gegenleistung mehr fordert. Wieviel Streit, Haß und Aggression bleibt da auf der Strecke, hat keinen Nährboden mehr. 2.000 Jahre hatten nur mäßigen Erfolg zur Einführung der Agape. Das ist kein

Grund, es nicht immer wieder neu zu versuchen. Die wahre Liebe, die Agape ist jeden Versuch und jede Mühe wert.

40.
Neue Norm - Liebe und Wille Gottes

Die Welt sollte zu einer neuen Norm finden, für die heutige Zeit passend. Verläßliches, Hergebrachtes muß nicht für alle Zeiten gelten. Neuerungen müssen eingebracht werden, das Bestehende muß in Frage gestellt werden, ob es für die heutige Zeit noch gilt. Trotzdem sollte die alte Norm, die Tradition nicht so einfach über Bord geworfen werden. Alte und neue Norm müssen miteinander verbunden werden, damit sich etwas neues bilden kann. So wie auch die Menschen im Laufe der Zeit, in Generationen, zu etwas neucm geworden sind. Wenn wir eine neue Norm beginnen zu leben, dann sollten wir alte Elemente weglassen, die dem Menschen im geistig, seelischen Bereich wenig gebracht haben. Besonders die, die nur der Stärkung des Egos gedient haben. Sie waren in der Vergangenheit notwendig, haben aber wenig Entwicklung gebracht. Ein neues Kapitel sollte aufgeschlagen werden und das heißt Liebe und "Herr, dein Wille geschehe". Das sind keine Neuheiten, aber sehr in Vergessenheit geratene, oder dem Ego geopfert worden. "Herr, dein Wille geschehe", beinhaltet, daß wir Gott vertrauen, Vertrauen in die Schöpfung und deren Führung. Daß wir uns unserem Lebensweg anvertrauen können, in dem Gedanken, daß es so der Wille Gottes ist, wie er verläuft. Wir sollten wissen, daß wir von ihm geführt werden und der Verlauf für unsere Entwicklung der beste ist. Haben wir in einer Sache unser Bestes getan, sollten wir sie dem Himmel übergeben, mit "Herr, dein Wille geschehe", und es wird zu unserem Wohl geschehen. Wenn die Liebe unser Handeln bestimmt, es einbettet, können wir kaum Fehler machen. Liebe gibt allem einen Sinn und führt nicht zu sinnlosen Handlungen, wie wir sie oft erleben. Wo Liebe ist, da ist kein Widerspruch und wo Widerspruch ist, da ist keine Liebe. Mit dieser Formel können wir feststellen ob Liebe vorhanden ist. Liebe hat Achtung vor der Schöpfung, vor dem Kosmos, den Menschen, der Kreatur und der Erde. Liebe besiegt Haß, Neid, Mißgunst. Liebe will nicht zerstören, sie will erhalten helfen. Liebe führt zur Brüderlichkeit, zum Weltfrieden. Liebe ist das Gebot, das Gesetz, das ein Jesus gelehrt hat, und er hat es auch gelebt. Es war sein Auftrag, den Menschen das Gebot der Liebe zu bringen. Der Erfolg, der bis heute geblieben ist, ist minimal. Jesus hat die Agape gemeint, die Liebe ohne Bedingungen, nicht die an Bedingungen geknüpfte Liebe. Die Agape hat er als das größte Gebot angegeben, weil er um ihre Wirkung und Kraft wußte. Die Menschen und auch seine Religionsanhänger haben die Liebe zu etwas anderem gemacht, sie ist sinnentwertet worden, ohne Bezug zu ihren Wurzeln. Wir sollten uns wieder der großen Kraft, der wahren Liebe besinnen und sie zum Motor unserer neuen Lebensnorm machen. sie sollte wie ein Herold vor uns hergehen und uns den Weg öffnen zu einer neuen, besseren Welt. Bei allen Lebensunwägbarkeiten können wir dann sagen - "Herr, dein Wille geschehe". Wir können ihn auch geschehen lassen, weil wir wissen, die Liebe ist uns vorausgegangen, sie hat uns den Weg geöffnet, wir sind in sie eingebettet. wenn wir uns mit der Liebe und dem Willen Gottes verbündet haben, in der neuen Lebensnorm, was kann uns dann noch geschehen?

41.
Lebensmut - Überleben mit der Schöpfung

Rundfunk, Fernsehen und Presse machen uns ständig Angst mit ihren kritischen, negativen Prognosen. Sie malen das Unheil, das sie auf uns zukommen sehen, in dunklen Farben aus, sie unken "es wird etwas passieren". Natürlich wird etwas passieren, aber was? Wer aufmerksam das Leben in all seinen Erscheinungsformen beobachtet, stellt fest, daß immer wieder das Leben der Sieger ist, dieses ist eine ewige Wahrheit. Würde das Negative siegen, gäbe es im Kosmos keine Weiterentwicklung, es wäre Stillstand, was soviel wie Tod bedeuten würde. Ein Beispiel dafür sind die Jahreszeiten in ständiger Wiederholung, wo das Positive der Sieger bleibt. Das Positive muß an Qualität und Quantität in so großem Maße vorhanden sein, daß es als Leben alle Irrtümer der Lebewesen aushält. Mehr noch, es gibt noch Weiterentwicklung. Die Evolution, die Weiterentwicklung lernt ganz alleine aus allem und entwickelt sich deswegen weiter. Für den Menschen heißt das, daß er Ausdruck und Wille der Schöpfung ist (er hat sich ja nicht selbst geschaffen) und seinen Schöpfungsauftrag erfüllen muß. Dazu muß er seine Möglichkeiten nützen, um lebenstüchtig zu werden, darin findet er auch Sinn, Aufgabe und Glück. So von der Schöpfung ausgestattet, gerüstet, ist er ein Teil von ihr und kann niemals unterliegen. Dem Schöpfungsauftrag folgen, heißt somit auch, mit der Schöpfung überleben. Wer mit dem Leben arbeitet, also positiv, wird auch vom Leben getragen. In welcher Form, das entscheidet das Leben. Vielleicht nicht immer so, wie es uns sehr genehm wäre. Fest steht, Angst ist nicht angebracht, sie zieht uns auf die Seite der Verlierer. Mut ist die Tugend des Lebens und der Sieger. Vertrauen wir dem Leben.